论语衍说

兰喜并 著

山西出版传媒集团 三晋出版社

目　录

引言　孔子与《论语》

（一）孔子、儒家、六经

儒家是在春秋时期形成的一个思想派别，从汉武帝“独尊儒术”起，直到20世纪初期，儒家思想长期居于中国文化的正统和核心地位，对中国历史发展的进程产生了极为深远的或正面或负面的影响。

儒家思想源于古代社会的行政教化。这些行政教化包含很多方面的内容，诸如品德性情、礼仪规范、职分技能等等，这些内容在一代代的损益因革中传承着，到西周时期得以进一步系统和完善。传授这些内容的是各种具有专门知识或技能的职官，这些人既从事自己的职事，也传授自己的知识或技能。在春秋社会动荡时期，有些失其官守者，也会借自己的专业知识或技能在民间谋生。《说文解字》说：“儒，柔也。”也许由于从事传授这些知识和技能的人，其服饰和行为给人们的印象不那么刚劲，所以被称之为儒。在《礼记·儒行》中，就是由于鲁哀公问儒服，引出孔子辨儒行。

孔子（前551—前479年），名丘，字仲尼。鲁国陬邑（今山东曲阜东南）人。早年曾学习儒者所传的这些行政教化的内容并从事某些职业。《论语》中讲“子入太庙，每事问”（3.15。以后凡引《论语》，只注篇章数。如3.15，即第3篇第15章——著者），说明孔子早年曾入太庙做一些辅助祭祀的事。《孟子》中讲孔子曾做过管理粮仓的小官和主管畜牧的小吏（见《孟子·万章下》）。后来，孔子授徒设教，成为中国历史上最早的私人教师。司马迁说孔子的弟子大概有三千人，其中“身通六艺者七十有二人”（《史记·孔子世家》）。由此形成一个以孔子为核心的儒家学派。虽然在孔子之前就有“儒”之称，但是作为学派的儒家则以孔子为宗师。《论语》中所载孔子对子夏说“女（汝）为君子儒，无为小人儒”（6.13），可能是最早在“儒家”的意义上使用“儒”字。

《汉书·艺文志》说儒家“游文于六经之中，留意于仁义之际，祖述尧舜，宪章文武，宗师仲尼，以重其言”。所谓“六经”即《诗》《书》《礼》《乐》《易》《春秋》。“六经”的内容涉及古代社会行政教化的方方面面。《庄子·天下》中讲，“《诗》以道志，《书》以道事，《礼》以道行，《乐》以道和，《易》以道阴阳，《春秋》以道名分”。《史记·滑稽列传》中也说，“《礼》以节人，《乐》以发和，《书》以道事，《诗》以达意，

《易》以神化，《春秋》以道义”。孔子授徒设教所传授的主要就是包含在“六经”中的那些内容，其目的是要培养有德有才的人。孔子说：“其为人也：温柔敦厚，《诗》教也；疏通知远，《书》教也；广博易良，《乐》教也；洁静精微，《易》教也；恭俭庄敬，《礼》教也；属辞比事，《春秋》教也。”（《礼记·经解》）

孔子说他自己是“述而不作，信而好古”（7.1），但是，孔子的“述”绝非是对“古”的原封不动地照搬，而是带着自己的理解和取舍的。所以，后来儒家所传“六经”都带着孔子的“痕迹”。司马迁说：“自天子王侯，中国言六艺者，折中于夫子，可谓至圣矣！”（《史记·孔子世家》）司马迁在这儿讲的“六艺”就是指“六经”。

《孔子世家》说：“孔子之时，周室微而礼、乐废，《诗》《书》缺。追迹三代之礼，序《书传》，上纪唐虞之际，下至秦缪，编次其事……故《书传》《礼记》自孔氏。”对于孔子编次《书》的事，人们大都不疑。至于《书传》与后来的《尚书》之间的关系，虽然错综复杂，扑朔迷离，但绝不会是毫无关系的。陆九渊概括《尚书》说：“《尚书》一部，只是说德。”（《象山语录》卷二）孔子“为政以德”（2.1）之论当本之于《书》之说“德”。

司马迁所说的《礼记》也不同于后来人们所见的

《礼记》，而应该是孔子传授“礼”的时候弟子们所“记”的内容，也许有的内容被编入后来的《礼记》中。后来的《礼记》中载有很多所谓孔子的话，虽然并不能认为都是孔子所言，但大致上还是体现了孔子的意思。

孔子精通乐，在齐闻《韶》乐，竟然沉醉到“三月不知肉味”（7.14）的程度。孔子评价《韶》说，“尽美矣，又尽善也”；评价《武》说，“尽美矣，未尽善也”（3.25）。孔子还说：“师挚之始，《关雎》之乱，洋洋乎盈耳哉。”（8.15）孔子不仅懂得欣赏，而且擅长演奏，喜欢唱歌，并且能谱曲配词（见14.39、17.20、7.32、7.10、9.15等章）。孔子有自己对乐的理解，曾与鲁太师讨论乐（见3.23）。孔子传授“礼”的时候弟子们有所“记”，传授“乐”的时候弟子们也应该有所“记”。世传《礼记》中有一篇“乐记”，记载先秦儒家讨论乐的内容，自然也离不开孔子论乐的影响。比如，孔子说：“乐云乐云，钟鼓云乎哉？”（17.11）《乐记》则说：“乐者，非谓黄钟大吕弦歌干扬也，乐之末节也。”

《孔子世家》说：“古者《诗》三千余篇，及至孔子，去其重，取可施于礼义，上采契、后稷，中述殷、周之盛，至幽、厉之缺……三百五篇孔子皆弦歌之，以求合《韶》《武》《雅》《颂》之音。”从道理上说，古诗歌的数量应该是很大的，说“三千余篇”并不为过。但是并非所有的诗歌都能一直流传下来，流传下来的都是些经典诗歌。从文献分析看，在孔子的时代，流传的古诗歌的数量已远没有三千，所以，不能说《诗》之三百五篇都是孔子从“三千余篇”中选出的。但是，孔子确曾对“诗”做过整理和订正。孔子说：“吾自卫反鲁，然后乐正，雅、颂各得其所。”（9.15）孔子所说的雅、颂不必专指《诗》中的《雅》和《颂》。司马迁说“三百五篇孔子皆弦歌之”，与孔子的说法一致。《论语》中有不少关于“诗”的讲述，《上海博物馆藏战国楚竹书》中有“孔子诗论”，由此可以看出孔子对“诗”的重视。

孔子说：“加我数年，五十以学《易》，可以无大过矣。”（7.17）《马王堆帛书·要》说：“夫子老而好《易》，居则在席，行则在橐。”《孔子世家》说：“孔子晚而喜《易》……读《易》，韦编三绝。”《易》本来是占筮之书，但是孔子学《易》并非为了占筮，而是要“观其德义”，领悟其中所包含的宇宙人生的道理。所以孔子说，对于《易》他“与史巫同涂而殊归者也”，说“仁义焉求吉，故卜筮而希也”（《马王堆帛书·要》），说“不占而已矣”（13.22）。这是后来儒家对《易》的基本态度。《孔子世家》还说孔子“序《彖》《系》《象》《说卦》《文言》”。后人分析，《易传》是孔子之后才成书的。但是，如果考虑到古时候的文献从“初稿”到“定稿”往往会经历很长的时间，那么，就不能轻易地以《易传》定本的晚出而完全否认《易传》与孔子思想的关系。今传《系辞》《文言》中有很多“子曰”，所言未必都是孔子的话，但是其中无疑有孔子思想的因素。当然，由于《易传》并非出自一时一人之手，当时的编纂者们并没有明确的学术流派的观念，所以其中包含诸多不同的思想内容，并非只与孔子的思想有关。

孟子说：“世衰道微，邪说暴行有作，臣弑其君者有之，子弑其父者有之。孔子惧，作《春秋》。”（《孟子·滕文公下》）《孔子世家》说，孔子“因史记作《春秋》，上至隐公，下讫哀公十四年，十二公。据鲁，亲周，故殷，运之三代。约其文辞而指博……笔则笔，削则削，子夏之徒不能赞一辞。弟子受《春秋》，孔子曰：‘后世知丘者以《春秋》，而罪丘者亦以《春秋》。’”此所谓“史记”指鲁国史。按传统的说法，认为孔子对鲁国史加以笔削褒贬，借事明义。也许《春秋》笔削之事并非全由孔子所为，但是孔子在“述”史时寓以褒贬应该是意想中的事。这也就是“作”。所以，无论《春秋》是怎样成书的，都撇不开孔子的影响。

可见，后世儒家所传之“六经”（由于不见《乐》，所以后来称“五经”），虽然不能说都是孔子亲自所“作”，但是，可以说都不同程度地有孔子的影响。从形式上讲，孔子是“述而不作”，实质上在孔子的“述”中蕴含着他的志向和关切。

孔子说："吾十有五而志于学。"（2.4）他所说的"学"并不是单纯地学知识和技能，更重要的是要"下学而上达"（14.35），将志于学上达到志于仁、志于道的高度。仁和道是孔门的两个理想境界。仁是修身的理想境界，道是治世的理想境界。这样的"志"也是孔子授徒设教的宗旨。孔子对子夏说："女（汝）为君子儒，无为小人儒。"（6.13）所谓"小人儒"即学点儿具体的知识或技能以谋生谋利。"君子"之本意为贵族男子的通称，后来也有用以指德才出众者，孔子进一步强化了这后起的意义，希望通过教育形成新型的"道德贵族"群体，进而逐渐优化社会系统。"君子儒"即这种"道德贵族"。子夏牢记孔子的告诫，并进一步阐述孔子的思想，说"百工居肆以成其事，君子学以致其道"（19.7）。

"下学而上达"的历程是无止境的。颜渊曾对这历程很有感叹地说："仰之弥高，钻之弥坚；瞻之在前，忽焉在后。夫子循循然善诱人，博我以文，约我以礼，欲罢不能。既竭吾才，如有所立卓尔，虽欲从之，末由也已！"（9.11）颜渊的感叹，可以从三个方面理解。首先，颜渊感叹在"下学而上达"的过程中，愈加感到孔子之教的崇高、充实、广泛。"弥高""弥坚"意味高坚不可穷尽，"在前""在后"意味广泛不可限定。其次，颜渊感叹孔子"循循然善诱人"。孔子不是一下子让人直面高远，而是博以文，约以礼，将人逐渐引入领悟并践行高远境界的进程中，“欲罢不能”。第三，颜渊感叹“上达”的高远境界没有止境。虽然已经竭尽了自己的才力攀高行远，但前面好像还是那样高远。虽然想继续向着目标走下去，终因“力不足”而“中道而废”(6.12)。

孔子之志在实现仁、实现道，而作为终极目标的仁和道几乎是不可能实现的，在这个意义上讲，没有人有足够的力量到达仁和道的终极目标，所有的人都会因“力不足”而“中道而废”。但是，能不能实现是一回事，要不要追求是另一回事。所以，孔子并不责怪“中道而废”，而是不满“画地自限”(6.12)。儒家学说的悲壮和可敬之处正在于被当时的隐者所嘲讽的“知其不可而为之”(14.38)这一点上，明知终极目标难以实现，仍然坚持行走在实现终极目标的途中。颜渊的喟叹，叹出了儒家学说的特征。假如说有朝一日实现了终极目标的仁和道，或者说停止了对不可能达到的终极目标的追求，那也可以说就与儒家学说没有关系了。

(二)《论语》及其他典籍关于孔子的记述

孔子从三十岁左右开始授徒设教，此后，直到去世，一直没有停止教学活动，即使在五十多岁短暂出仕，也没有中断。在长期的教学活动中，孔子给为数众多的弟子们传授书本知识，教练实习内容，讲做人的道理，谈修养的功夫。孔子的教学形式，有些好像是“课堂”讲授，比如，《论语》中记载孔子在诵读《诗》《书》的时候是用“雅言”，即通行的标准语（见7.18），诵读包含孔子自己私下的诵读，但是对于作为教师的孔子来说，更多的情况应该是在“课堂”上带着弟子们诵读并讲授，在这种公共场合更需要用“雅言”。孔子更多的教学形式，是把教学内容贯穿在平常的对话、谈论以及行为示范中。孔子善于因材施教，因势利导，同样的问题，相对不同的人会有不同的回答，弟子们对此各有所记。孔子去世后，弟子们搜集以往孔子在不同场合的言谈行事，整理编辑为《论语》。“论”是编纂的意思。“语”为古代以记言形式编成的书。由于弟子们所记以言为主，所以称“语”。《论语》书名的意思就是经过编纂的语录。《汉书・艺文志》说：“《论语》者，孔子应答弟子时人及弟子相与言，而接闻于夫子之语也。当时弟子各有所记，夫子既卒，门人相与辑而论纂，故谓之《论语》。”《论语》是孔子授徒设教的结晶。东汉赵岐说：“论语者，五经之錧鎋，六艺之喉衿也。”（《孟子题辞》）錧鎋是车上控制毂的零件，引申为关键；喉衿比喻纲领、要领。也就是说，《论语》是“五经”的纲领。

《论语》的编纂有一个过程。起初只是孔门弟子将各自从学的见闻记录汇集起来，后来又经过再传弟子以及后人的补充、编辑，其中既有亲炙弟子们的亲见亲闻，也有后来人的所传所闻，话语未必都是原初的，但所记录的内容实质是孔子的学说，即使其中包含的一些孔子弟子的言行以及孔子转述别人的话语，也体现着孔子学说的精神。孔子的孙子子思曾说："臣所记臣祖之言，或亲闻之者，有闻之于人者，虽非其正辞，然犹不失其意焉。"（《孔丛子·公仪》）对《论语》中所记载的孔子的言行，也应该注重"不失其意"，而不是拘泥于是否孔子所说的"原话"。

《论语》的编纂又是和传授联系在一起的。从开始编纂《论语》起，人们就同时在传授它，而在不同的传授过程中也会有所调整编排，因此形成不同的传本。到汉代，有三个不同的《论语》传本，即《鲁论语》《齐论语》和《古文论语》。《鲁论语》和《齐论语》是西汉传经者用当时通行的隶书写的，《古文论语》是汉武帝时在孔子旧宅墙壁中发现的，用先秦文字所书。各本文字、篇数及编排都有所不同。《鲁论语》20 篇，《齐论语》22 篇，《古文论语》21 篇。西汉末年，安昌侯张禹以《鲁论语》为主、兼采《齐论语》而成《张侯论》，篇数则与《古文论语》相同。东汉时，郑玄就《鲁论语》篇章参考《张侯论》，结合《齐论语》《古文论语》进行校注，《论语》版本基本定型。通行本《论语》共 20 篇，16000 字左右。

从孔子的教学活动的时间和规模可以想象，弟子们受教所记的内容应该是非常多的，搜集到的绝非全部，即使所搜集到的也没有全部编入《论语》。《汉书·艺文志》著录有《孔子家语》二十七卷，早已佚失，今本《孔子家语》是三国魏王肃杂取众书有关孔子之事缀辑而成，被认为是伪书。今本《孔子家语》后有孔安国后序，说弟子们将各自所记“取其正而切事者”编为《论语》，其余则集录为《孔子家语》。孔安国后序也是后人托名之作，但是其中讲到的这个看法应该还是合乎情理的。清人陈士珂有《孔子家语疏证》，将今本《孔子家语》与《礼记》《大戴礼记》《荀子》《韩诗外传》《说苑》等典籍进行对照，可以看出今本《孔子家语》的内容皆有所本。今本《孔子家语》主要是伪在其托名，而不是伪在其内容。如果今本《孔子家语》能够像后来宋人薛据、清人孙星衍分别编的《孔子集语》那样明确说明是取自以前的典籍，那么就没有托名之伪了。至于内容的真伪问题，那就归在所取用的典籍上了。

《孔子家语》《孔子集语》所辑录的《论语》之外的那些孔子的言论、事迹是否“真实”，需要辩证地来看。由于孔子“述而不作”，其言论、事迹多为他人记述，这些记述在以后的传播过程中，由于各种各样的原因，难免会走样、失真，所以，不能认为这些内容都真实。但是，无论从范围还是从程度上说，“不全真”不等于

“全不真”。如果我们以 0 为伪，以 1 为真，那么这些材料的真实度应该是分布在［0，1］的区间，而不是 0 和 1 两个点。其实，即使是《论语》中的内容，也有这样的情况。

对于史料的真伪的态度，不同的研究目的可以有不同的取舍标准。比如，如果目的是想“还原”史实，那么对史料的取舍标准不妨严一些，这样虽然可能漏掉一些真史料，但是也在尽量避免让假史料混进来。虽然说利用既有的真史料不一定能“还原”史实，但是，如果有假史料混入，那么一定不能“还原”史实。如果目的是把握思想，那么对史料的取舍标准不妨宽一些。如果能够通过广泛而深入地阅读思想家的有关资料，从中求得思想家“一以贯之”的主线，那么将那些难以剥离、不好分辨真伪而与主线相容的资料作为“散钱”穿入思想的“一贯”之中，并不妨害思想家思想的“真实”，而且可以有助于理解和把握思想家思想的精神实质。

本书是作者在研读《论语》的基础上，通过求得自己认为的孔子学说的“一贯”之线，将《论语》中分散的各种内容贯穿起来论述的。在求得“一贯”之线的前提下，对于《论语》之外的历史典籍中有关孔子的记述，采取“疑似从真”的态度。由于不能保证所涉及的内容都是出自孔子本人，而且，即使只就《论语》讲，也不敢说所作的解释就符合《论语》的“原意”，更不敢说就是孔子的"原意"，只能说是我所理解的《论语》。在后面的论述中，所谓"孔子学说"都是在这个意义上讲的。

（三）孔子学说的中心问题

《论语》中记载，孔子曾分别对曾参和子贡讲"一以贯之"，说他的学说并不只是由"多学而识"所得的一堆零散知识，而是可以用一条主线贯穿起来的（见4.15、15.3）。刘节说，还没有发现在孔子以前有注意到"一以贯之"的思想家（刘节《孔子的"唯仁论"》，《近四十年来孔子研究论文选编》，齐鲁书社1987年版，第173页）。对于孔子是否中国历史上最早注意到"一以贯之"的思想家需要进一步考证，但至少可以说孔子是中国历史上较早注意到"一以贯之"的思想家。

什么是孔子学说"一以贯之"的主线呢？曾参解释说是"忠恕"（4.15）。"忠恕"是孔子学说中非常重要的内容，是人可以"终身行之"（15.24）的处世准则。但是，用"忠恕"难以将孔子学说的各种内容都贯穿起来，比如，被孔子称为"至德"的"中庸"（6.29）就难以由"忠恕"贯之。事实上，不仅忠恕，孔子学说中的任何一个具体内容，诸如仁、礼、中庸、正名等等，都难以起到"一以贯之"的作用。苏东坡因此而有"一以贯之难言"的感慨（程树德《论语集释》，中华书局

1990 年版，第 266 页）。可以说，孔子学说“一以贯之”的主线不应该是某一具体内容，而是诸多内容所围绕的中心问题。

什么是孔子学说的中心问题呢？

孔子说：“富与贵，是人之所欲也，不以其道得之，不处也。贫与贱，是人之所恶也，不以其道得之，不去也。”（4.5）欲、恶都是人之情。《礼记·礼运》说：“何谓人情？喜、怒、哀、惧、爱、恶、欲，七者弗学而能……饮食男女，人之大欲存焉；死亡贫苦，人之大恶存焉。故欲恶者，心之大端也。”“弗学而能”也就是本能。“心之大端”即人心的主要内容。孔子及先秦儒家并不主张灭除人的本能的情——没有本能的情，人生和社会就没有活力，而是主张“以道制欲”（《礼记·乐记》），这也就是“以其道”。《礼记·表记》引孔子说：“道者，义也。”义即宜，即适宜的界限范围。“以其道”即以道把情节制在适宜的范围。孔子又说：“礼者，因人之情而为之节文，以为民坊者也。”（《礼记·坊记》）节文在此是使情行之有度的意思；坊即堤防，即界限范围。这也可以说是“以礼节情”。礼本来是用以“事神致福”（《说文解字》）的，具有一定的规则、仪式，逐渐发展成一整套典章、制度、规范。《礼记·仲尼燕居》说：“礼也者，理也。”《礼记·丧服四制》说：“理者，义也。”理最初是个动词，指治玉，引申为治理、整理的意思，名词化用以指治理的依据、原则，比如说事理、道理、原理、义理等等。“礼也者，理也”是说礼是理的外化，所以礼也要体现义。“以礼节情”，也就是通过理的节制使情合乎义。

《礼记·乐记》说：“夫物之感人无穷，而人之好恶无节，则是物至而人化物也。人化物也者，灭天理而穷人欲者也。”“人化物”即人被物所同化，被物所主宰，也就是《庄子》讲的“物于物”（《庄子·山木》），现在人们把这叫作异化。泽田武冈说：“人苟牵欲，则常屈于万物之下。”（陈荣捷《近思录详注集评》，华东师范大学出版社2007年版，第288页。）“屈于万物之下”即被万物所主宰。梁漱溟说：“儒家最反对仰赖于外力的催逼与外边趣味之引诱往前度生活。”（梁漱溟《朝话》，教育科学出版社1988年版，第57页。）“仰赖于外力的催逼与外边趣味之引诱往前度生活”就是“人化物”，就是异化。如果不能“以礼节情”“以道制欲”，那么人就会被物所主宰，就会产生异化。所以，孔子说要“承天之道，以治人之情”（《礼记·礼运》）。这儿所谓天理、天道指本然的节度。人之情欲有其本然的节度，只是由于人不节制，使本然的节度受损。所以，“承天之道”并不是要在本然的节度之外另定规则，而只是对本然的节度的修复。“治人之情”也不是要灭除人的所有的情欲，而是要节制“穷人欲”，使人的情欲适度，使人做自己情欲的主宰。

孔子说："吾十有五而志于学，三十而立，四十而不惑，五十而知天命，六十而耳顺，七十而从心所欲不逾矩。"（2.4）矩也是理的外化。可以说，孔子一生所要解决的问题就是欲和矩的关系问题，或者等价地说是情和理的关系问题，也可以等价地说是个体自由和群体秩序的关系问题。这可以说就是孔子学说的中心问题。孔子学说的其他问题，诸如仁、义、礼、乐、忠恕、中庸等等，都是围绕这个中心问题来讲的。《礼记·礼运》讲："圣王修义之柄、礼之序，以治人情。故人情者，圣王之田也。修礼以耕之，陈义以种之，讲学以耨之，本仁以聚之，播乐以安之。"所有的个体修行和社会治理都是围绕"耕种"人情这块"田"运行的。孔子之学的目的就是要实现情和理、欲和矩、个体自由和群体秩序的协和，比如，个体修行的"从心所欲不逾矩"的境界，社会治理的"天下有道"的境界。孔子说"志于仁"（4.4）、"志于道"（7.6、4.9），就是要志于实现这种境界。

一　志于仁

（一）我欲仁，斯仁至矣

《吕氏春秋·不二》说“孔子贵仁”。仁是孔子学说最主要的内容。

在孔子之前，人们就在讲说仁，《诗》《书》中都讲到仁。《左传》《国语》中所记载的很多前人对仁的述说，有些可能对孔子说仁有一定的影响。比如，《论语》中载，颜渊问仁，孔子回答说“克己复礼为仁”(12.1)，而《左传·昭公十二年》记载，仲尼曰：“古也有志：克己复礼，仁也。”可见“克己复礼为仁”是一句古话。仲弓问仁，孔子回答的内容中有“出门如见大宾，使民如承大祭”(12.2)，而《左传·僖公三十三年》记载，“出门如宾，承事如祭，仁之则也”。樊迟问仁，孔子回答说“爱人”(12.22)，而《国语·周语下》中有“爱人能仁”的话。再比如，孔子说“志士仁人，无求生以害仁，有杀身以成仁”(15.9)，而《国语·晋语二》中讲“杀身以成志，仁也”。

虽然在孔子之前人们就在说仁，但是，基本上还是把仁作为一种具体的品德来说的。孔子有时候也把仁与别的品德并列来讲，比如，说“知者不惑，仁者不忧，勇者不惧”（9.29），说“知、仁、勇三者，天下之达德也”（《中庸》），但是，孔子更多的是把仁作为各种品德的适宜体现。《礼记·儒行》中讲“温良者，仁之本也；敬慎者，仁之地也；宽裕者，仁之作也；孙接者，仁之能也；礼节者，仁之貌也；言谈者，仁之文也；歌乐者，仁之和也；分散者，仁之施也。儒者兼而有之，犹且不敢言仁也”。在这个意义上似乎可以说孔子学说中的仁是“全德”。所谓“全德”之仁并不是把各种品德总合为一，而是“统摄诸德完成人格之名”（蔡元培《蔡元培哲学论著》，河北人民出版社 1985 年版，第 16 页）。所谓“统摄诸德”意即能够在不同的具体境遇中适宜地体现各种品德，而不是把各种品德都体现在不同的具体境遇中。就像好的厨师不是把备用的各种食材都放在每一种食品中，而是总能在做不同食品时合理调配各种备用食材。厨师这样做可以说是“统摄”各种食材。如果总是能够在不同的具体境遇中适宜地体现各种品德，就是“统摄诸德完成人格”。在孔子之前，没有人像孔子这样把“仁”上升到“统摄诸德完成人格”的高度。

作为“全德”的仁不再是与智和勇并列的一种具体

品德，而是包含着智和勇的因素。比如，孔子认为楚国的令尹子文有“忠”之德，齐国的陈文子有“清”之德，但是二人皆“未知（智）”，所以谈不上仁（见5.19）。当然，这并不是说“忠并且智”或者“清并且智”就可以是仁了，而是说实现“全德”的仁要包含智。再比如，孔子说“仁者必有勇，勇者不必有仁”（14.4），勇是仁的必要条件而不是充分条件，所以说“勇者不必有仁”。同样，“全德”之仁也包含作为具体品德的仁。

所以，对于任何一个“偏德”X，相对于“全德”之仁而言，都可以说“仁者必有X，X者不必有仁”。当然，前面说过，作为“全德”的仁并不是各种“偏德”的杂乱堆积或固定配比，而是各种“偏德”在具体境遇中的协调适宜，因此而有“兼而有之”却“不敢言仁”的感慨。因为“兼而有之”是就“诸德”言，“不敢言仁”是就“统摄”言。就像厨师虽然备有各种食材，但是不敢保证所做的每一种食品都适宜地使用了所需食材。

作为“全德”的仁难以用概念化的言辞说清楚，所以孔子“罕言”仁（见9.1）。但是，“罕言”并不是全然不说。“统摄诸德”的仁虽然难以用概念化的言辞说清楚，但是，可以在不同的境遇中，从不同的侧面来揭示仁。比如，当孔子的弟子问仁的问题时，孔子就针对具体情况给予不同的解答，使其在现实中去实践。

《论语》中记载了一些孔子与弟子关于仁的问答：

颜渊问仁。孔子说："克己复礼为仁。"（12.1）在这儿，提问和回答都是就"怎么"实现仁讲，而不是就"什么"是仁讲。《论语》中所记载的很多孔子论仁的话，大多是从动词的意义上讲的。所以，在颜渊进一步问"克己复礼"的具体内容时，孔子回答说："非礼勿视，非礼勿听，非礼勿言，非礼勿动。"视、听、言、动都是行的问题。颜渊接着说要"事斯语"，即要践行这几句话，而不是说记住这几句话。孔门之学的重点在"事"，在践行、操作，而不在"语"，不在讲说、记诵。

樊迟问仁。孔子说："爱人。"（12.22）如果说"克己复礼"着重于仁之理的一面，那么"爱人"则着重于仁之情的一面。仁是情和理的协和。

仲弓问仁。孔子说："出门如见大宾，使民如承大祭。己所不欲，勿施于人。在邦无怨，在家无怨。"（12.2）"出门如见大宾，使民如承大祭"，这是讲敬。在前面曾引《礼记·儒行》中的话，"敬慎者，仁之地也"。儒家非常重视敬，有修己之敬，有做事之敬，有待人之敬等等。"己所不欲，勿施于人"，这是讲恕。孔子认为"恕"是可以"终身行之"的一个字（见15.24）。荀悦说："恕者，仁之术也。"（《申鉴·政体》）"在邦无怨，在家无怨"，这是讲无怨。孔子说：

“放于利而行，多怨。”（4.12）“放于利而行”指凡事只依据利而行，而不管是否符合义。“多怨”既指己之多怨，也指人之多怨。《中庸》说：“正己而不求于人则无怨。”“正己而不求于人”则己不怨人，人也不怨己。所以“无怨”是个正己的问题。仲弓在听了孔子的回答后，也是说要“事斯语”。

樊迟问仁。孔子说：“居处恭，执事敬，与人忠。”（13.19）这与仲弓问仁的回答相近：端正容止，慎重行事，忠诚待人。

樊迟问仁。孔子说：“仁者先难而后获，可谓仁矣。”（6.22）“先难而后获”是说，只有先难，才有后获；但并不是说，只要先难，就有后获。“先难而后获”所强调的是付出，而不是着眼于获得。致力于仁的人，做事重在当不当，不在获不获。

司马牛问仁。孔子说：“仁者其言也讱。”司马牛接着问：“其言也讱，斯谓之仁已乎？”孔子说：“为之难，言之得无讱乎？”（12.3）讱是言语迟钝，难以出口的意思。仁的基础是真实、诚实，其他的修养功夫都要建立在真诚的基础上，孔子总结概括为“绘事后素”（3.8）。朱熹说：“人不诚处多在言语上。”（《朱子语类》卷第六十九）言语是最容易让人失去真诚的地方，所以，孔子特别重视言行一致。由于言易行难，所以，孔子反复强调要“先行”（2.13），要“讷”（4.24），要“言之不出”（4.22）等等。《史记·仲尼弟子列传》中说司马牛“多言而躁”，所以，当他问怎么实现仁时，孔子便教之以“讱”。

子张问仁。孔子说：“能行五者于天下，为仁矣。”子张接着问哪五者，孔子说：“恭、宽、信、敏、惠。”（17.6）这还是在讲行。致力于行此五者于天下，就是致力于仁；但是，并非说只要行此五者于天下，就可谓达到了仁的境界。

子贡问仁。孔子说：“工欲善其事，必先利其器。居是邦也，事其大夫之贤者，友其士之仁者。”（15.10）工匠要做好活计，一定要先弄好他的工具。志于仁也需要好的帮助，所以又讲“以友辅仁”（12.24）。

从孔子回答弟子的提问中可以看出，孔子总是依据不同的境遇，从不同的方面揭示怎样实现仁。樊迟三次问仁，孔子的回答每次都不同。这说明孔子不仅对不同的人回答不同，即使对同一个人，在不同的提问背景下回答也不同，说明“怎么”实现仁是非常具体的。

因为在不同的境遇中，各种“偏德”并不总是协调适宜的，所以才需要依据具体的境遇来协调。但是，由于具体境遇的多样性和人的能力的有限性，所以，可以说任何人都难以做到总是使各种“偏德”协调，难以充分实现作为“全德”之仁。所以，孔子不轻易许人以“仁”。

《论语》中记载，孟武伯问孔子："子路仁乎？"孔子说："不知也。"孟武伯还继续问。孔子说："由也，千乘之国，可使治其赋也，不知其仁也。"孟武伯又问："求也何如？"孔子说："求也，千室之邑，百乘之家，可使为之宰也，不知其仁也。"孟武伯又问："赤也何如？"孔子说："赤也，束带立于朝，可使与宾客言也，不知其仁也。"（5.8）孟武伯向孔子询问子路、冉求、公西赤是否达到仁的境界，孔子没有直接回答这个问题，却讲子路的特长和才能是执掌军政，冉求的特长和才能是从事管理，公西赤的特长和才能是接待宾客，说明他们都是很有才华的人。至于他们是否达到仁的境界，则以"不知"婉转地表达否定。

《论语》中又记载，原宪问："克、伐、怨、欲不行焉，可以为仁矣？"孔子说："可以为难矣，仁则吾不知也。"（14.1）没有好胜、自夸、怨恨、贪欲的行为固然很难，但是，是否达到仁的境界却不好说。因为仁必定没有好胜、自夸、怨恨、贪欲的行为，但没有好胜、自夸、怨恨、贪欲的行为未必是仁。孔子还是用"不知"婉转地表达否定。

"全德"之仁是一种理想状态，难以充分实现，但并不是说就要因此放弃对仁的追求。对于像"全德"之仁这样的理想状态来说，能否充分实现是一回事，是否努力追求是另一回事。在孔子看来，人固然难以充分实现作为理想状态的仁，但是，只要志于仁并且用其力于仁，也就可以实现追求过程意义上的仁。孔子说：“仁远乎哉？我欲仁，斯仁至矣。”（7.30）斯即此。“斯仁至矣”即“至斯仁矣”。此“仁”非彼“仁”。就理想状态讲，彼“仁”离人很远，是人追求的目标，“死而后已”（8.7）；就对理想状态的追求过程讲，此“仁”又离人不远，就在人的追求过程中。追求仁，那么也就达到了“斯仁”。这叫作“为者常成，行者常至”（《说苑·建本》）。前面讲的孔子和弟子们关于仁的问答，都是在说这个意义上的仁。《论语》中载孔子说伯夷、叔齐“求仁而得仁”（7.15），说管仲“如其仁”（14.16），说“殷有三仁焉”（18.1），也都是在这个意义上讲的。“求仁而得仁”即“我欲仁，斯仁至矣”。“如其仁”，即他的致力于仁的行动。只有“用其力于仁”才是要“署名”领有的。《孔子家语·子路初见》载孔子说比干“其本志情在于仁者也”，意即比干是志于仁的。

孔子说：“为仁由己，而由人乎哉？”（12.1）又说：“有能一日用其力于仁矣乎？我未见力不足者。”（4.6）追求仁的境界完全是个人自主的事，不是由他人要求或安排的，也不需要任何其他外在的不由自主的条件——诸如环境、机遇、天分等等，所有的人都有能力做到。所以，是否追求仁的境界不是有没有能力的问题，而是要不要追求的问题。

在孔子弟子中，冉求、子贡、颜渊对志于仁的态度具有一定的代表性。

《论语》中记载，冉求对孔子说："非不说子之道，力不足也。"孔子说："力不足者，中道而废。今女画。"(6.12) 冉求说，他不是不喜欢孔子的学说，只是自己没有力量去实现。冉求之所以觉得自己"力不足"，可能是因为他把志于仁的重点放在仁的理想状态的充分实现上，认为既然难以达到仁的理想状态，那么也就不用去追求了。孔子说，"力不足"的表现是"中道而废"，即止于途中，不是一开始就画地自限，止步不前。相对于理想状态的彼"仁"而言，可以说任何人都没有力量达到，即使是"死而后已"(8.7)，也仍然是"中道而废"，但是，这并不能成为放弃追求仁的理由。没有力量达到不等于没有力量追求。

《韩诗外传》中讲，孔子燕居，子贡摄齐（zī）而前，曰："弟子事夫子有年矣，才竭而智罢（pí），倦于学问，不能复进，请一休焉……君子亦有休乎?"孔子说"'阖棺兮乃止播兮，不知其时之易迁兮'，此之谓君子之休也。故学而不已，阖棺乃止。"(《韩诗外传》卷八)"播"在此通"藩"，"藩"通"蕃"，有生息、增长的意思。"止播"即停止生长。相比较冉求的画地自限，子贡行走在追求仁的途中，但是在中途感到疲累，想要休止。孔子说“君子之休”是“阖棺乃止”，也就是“死而后已”。中途休止虽然不同于一开始就止步不前，但是与止步不前的性质相近；“阖棺乃止”虽然也是止于途中，但是与自己中途休止的意义是不一样的。

在前面讲到过，颜渊曾喟然叹曰：“仰之弥高，钻之弥坚；瞻之在前，忽焉在后。夫子循循然善诱人，博我以文，约我以礼，欲罢不能。既竭吾才，如有所立卓尔，虽欲从之，末由也已！”（9.11）颜渊深知践行孔子之学的艰难，因此也曾有像子贡那样“欲罢”的想法，但他还是没有放弃，而是竭尽自己的才力攀高行远。只是因为前面还是那样高远，最终还是因为“力不足”而未能一直走下去，还是“中道而废”（6.12）。孔子说：“乡（向）道而行，中道而废，忘身之老也，不知年数之不足也，俛焉日有孳孳，毙而后已。”（《礼记·表记》）“中道而废”“毙而后已”都发生在追求理想状态的途中。曾参说：“士不可以不弘毅，任重而道远。仁以为己任，不亦重乎？死而后已，不亦远乎？”（8.7）志于仁是一个很重的担子，要挑着这个重担子走很远的人生之路，死而后已，如果没有弘大刚毅的意志很难坚持下来。程颢说“重担子须是硬脊梁汉方担得”（《河南程氏遗书》卷第三）。如此说来，上述三人中，颜渊最为弘毅，最是硬脊梁汉。

所以，就实现仁的境界来说，孔子的最高评价可能就是对颜回的评价了。孔子说："回也，其心三月不违仁，其余则日月至焉而已矣。"（6.7）"三月"指较长的时间，"日月"意指偶然的某一日某一月。要实现仁的境界不仅要志于仁，更需要坚持不懈地"用其力于仁"（4.6），而不是只偶然地"用其力于仁"。颜回"三月不违"与他人"日月至焉"的区别不在"事"而在"时"，不是提"高"的问题，而是持"久"的问题。一个人偶然地"用其力于仁"并不太难，难的是坚持不懈地"用其力于仁"。

所以，要实现仁的境界，必须时时用其力于仁，终其一生不可懈怠。孔子说："君子无终食之间违仁，造次必于是，颠沛必于是。"（4.5）终食之间指一顿饭的时间，造次是仓促，颠沛是困顿。君子无论在什么情境中都必须坚持对仁的追求，须臾不可背离。

要实现仁的境界，必须事事都要围绕仁来进行。比如：

孔子说："不仁者，不可以久处约，不可以长处乐。"（4.2）在这儿仁用作动词，指志于仁、用其力于仁。约是穷困，乐是安乐。不仁者没有自足的价值目标，往往会把人生价值寄托在财富、名誉、地位等等外物的占有上，得则骄，不得则怨。这样往往会被外在之物所主宰、所迷乱，失去节度，久约则滥，长乐则淫。仁者以仁为己任，无意于对外物的占有，贫贱富贵都泰然处之。孔子说他自己“饭疏食饮水，曲肱而枕之，乐亦在其中矣”（7.16）；又说颜回“一箪食，一瓢饮，在陋巷，人不堪其忧，回也不改其乐”（6.11）。孔子和颜回的乐，不是由于外部的原因——比如，占有相对较多的财富——导致的，而是基于自身内部的原因——比如，志于仁——生成的，所以其乐不会随着外部原因的变化而改变，即“不改其乐”。

孔子说：“唯仁者，能好人，能恶人。”（4.3）好恶之情，人皆有之，所以人皆能好其所好，恶其所恶。但是，常人的好恶之情常常是从主观之心发出来，只有致力于仁，才能避免好恶的主观情绪化。程颢说：“圣人之喜，以物之当喜；圣人之怒，以物之当怒。是以圣人之喜怒，不系于心而系于物也。”（《河南程氏文集》卷第二）同样，也可以说仁者之好恶“不系于心而系于物”。物之当好则好，物之当恶则恶。《东观汉记》：“孔子曰‘惟仁者能好人，能恶人’，贵仁者所好恶得其中也。”（《汉书·孝明八王传》注引）在仁者的好恶之情中包含着理的因素。程颢又说：“君子之学，莫若廓然而大公，物来而顺应。”（《河南程氏文集》卷第二）仁者能不断地打通限隔，由因私之好恶渐次过渡到因公之好恶，即其所好所恶不是出于对自己有利或有害，也不只是限于对所属群体的有利或有害，而是直至对天下的有利或有害。

孔子说："人而不仁，如礼何？人而不仁，如乐何？"（3.3）礼、乐是在孔子之前就存在的教化的内容，孔子则把礼、乐的价值也纳入志于仁的活动中。孔子认为，礼、乐的价值不在于玉帛、钟鼓等形式（见17.11），玉帛、钟鼓只是礼、乐的"末节"（《礼记·乐记》）。礼、乐的价值在于它们是致力于仁的内容，"礼节者，仁之貌""歌乐者，仁之和"（《礼记·儒行》）。没有仁的实质，礼、乐便徒有其形，所以说"如礼何"，"如乐何"。相反，如果有仁的实质充实礼、乐，那么礼、乐的意义随时随地都可以体现出来。"言而履之，礼也；行而乐之，乐也"（《礼记·仲尼燕居》）。不必拘泥于玉帛、钟鼓。

为了实现仁的境界，甚至不惜舍弃生命。孔子说："志士仁人，无求生以害仁，有杀身以成仁。"（15.9）志士仁人就是志于仁、用其力于仁的人。在志士仁人那儿，人生的意义和价值就是成仁，无论什么事，甚至生命，都从属于成仁的宗旨。

《中庸》说："仁者，人也。"在孔门看来，只有志于仁，才是有道德价值的人，才能成为真正的人。孔子学说把成仁看作人的一种责任。

附：说“性”

孔子说“志于仁”（4.4），说“我欲仁，斯仁至矣”（7.30），说“有能一日用其力于仁矣乎？我未见力不足者”（4.6），都是从后天实现仁的功夫讲的，这对于实现仁非常重要。但是，为什么人会有志于仁之“志”，为什么人能有足够的用其力于仁的“力”？这需要从人的本性上找根据。

《中庸》说：“天命之谓性。”朱熹说：“物所受为性，天所赋为命。”（《周易本义·乾》）《中庸》把事物得以产生的先在的条件叫作“天”，由先在的条件产生事物叫作“命”。事物由“天命”而产生，带着其本来具有的属性，即本性。任何事物的产生都带着许多本来具有的属性，比如，一个人一出生便带有一系列的物理的、化学的、生物的属性，带有一系列的人所共有而非人所不具有的属性，带有一些与部分人所共有而其他人不具有的属性，还带有其自身独有的种种属性，等等。具有一定的共同属性的事物形成一类。比如，人和其他具有动物属性的事物都属于动物类，动物和其他具有生物属性的事物都属于生物类。对于某类中所有事物都必须具有的属性，叫作这类事物的必有属性；对于某类中只有某些事物所具有而并非所有事物都具有的属性，叫作这类事物的偶有属性。比如，我们说“人是有理性的动物”，“有理性”这个属性就被看作是人类所有分子的必有属性。我们说“男人”“女人”，“男”或“女”这样的属性相对于人类所有分子来说就是偶有属性。就必有属性来说，如果某个属性是某类中所有事物必须具有同时还是某些其他类中所有事物必须具有的属性，那么可以说这个属性是某类事物和某些其他类事物的共有属性；如果某个属性只是某类中所有事物必须具有而任何其他类中的事物都不具有，那么可以说这个属性是某类事物的专有属性。比如，“靠母体的乳腺分泌乳汁哺育初生幼儿”这个属性就是人类中所有分子和其他哺乳动物类中所有分子的共有属性，而“有理性”这个属性是人类中所有分子的专有属性。一个类中的所有分子的必有属性是相同的，就此而言，可以说是“性相同”，但是，如果考虑到一个类中所有分子的相同之性只有结合各个分子的诸多偶有属性才能具体化，那么一个类中的所有分子也可以如孔子所说是“性相近也”（17.2）。孔子说的“性相近”指的是人类之性。人类之性如此，其他类之性也如此。

类可以通过属加种差的方法确定。即在一个大类的必有属性上加某种属性形成下属的一个小类。共有属性确定某类所属的大类，专有属性将某类与同属大类中的其他小类区别开。比如，在动物这个大类的必有属性上加“有理性”的属性，就形成人类这一小类，把人类与其他的动物区别开。荀子说：“水火有气而无生，草木有生而无知，禽兽有知而无义，人有气有生有知亦且有义。”（《荀子·王制》）如果在理解这段话时，我们以“水火”表示普遍存在的事物，“草木”表示生物，“禽兽”表示动物，那么可以说，在普遍存在的事物类的必有属性上加“生命”的专有属性，形成生物类；在生物类的必有属性上加“感知”的专有属性，形成动物类；在动物类的必有属性上加“义”的专有属性，形成人类。

在荀子这段话中，从大到小不同层次的类的专有属性的增加过程表现的与生物进化过程以及人类活动发展过程一致。生物进化过程以及人类活动发展过程是连续的，根据不同层次的类的专有属性做概念界定是在连续的过程中划分出阶段性来。讨论人性，可以从人性的概念界定讲，也可以从人性的演变过程讲。马克思说：“整个历史也无非是人类本性的不断改变而已。”（《马克思恩格斯选集》第一卷，人民出版社 1972 年版，第 138 页。）人性的演变过程是界定人性的基础。

如果从人性的概念界定讲，可以从不同的方面揭示人类的专有属性。比如，我们可以说“人是两足直立的动物”，“两足直立”就是人的一种专有属性，通过这种专有属性，也可以把人类与其他动物区别开。但是，这种专有属性所揭示的不是人类区别于其他动物的本质属性。亚里士多德说“人类在本性上，也正是一个政治动物”（亚里士多德《政治学》，吴寿彭译，商务印书馆1965年版，第7页），所谓“政治动物”即生活在政治共同体中的动物、具有社会生活的动物。人类区别于其他动物的本质属性是在人类社会生活过程中形成的人的社会属性。

人的社会属性是人类在漫长的社会生活过程中应对困境而逐渐形成的。由于人类社会生活过程非常复杂，在此过程中形成的人的社会属性也具有非常复杂的内容。这些复杂的内容是“过程的集合体”（《马克思恩格斯选集》第四卷，人民出版社1972年版，第240页），不能孤立地理解。因此，马克思说，人的本质在其现实性上，“是一切社会关系的总和”（《马克思恩格斯选集》第一卷，人民出版社1972年版，第18页）。但是，如果我们不是要用历史与逻辑相结合的方法把在人类社会生活过程中形成的人区别于动物的各种社会属性整合到一种历史与逻辑相一致的结构中，而只是要通过某种社会属性把人和动物区别开，那么，我们也可以分散地从不同的方面来揭示人的社会属性。比如，我们可以说“人是政治的动物”“人是有理性的动物”“人是从事劳动的动物”“人是能制造并运用符号的动物”等等。在中国古代，人们比较重视人的道德属性，比如，孟子认为，人与禽兽的区别在于人具有仁义礼智等德性；而按前面所引荀子“人有气有生有知亦且有义”之言，可以说“人是有义的动物”等等。孔子说“性相近也，习相远也”（17.2），其“近”“远”主要是就道德属性而言，即认为人本来具有相近（或相同）的道德属性，由于“习”的不同导致不同的道德境界。《中庸》载，鲁哀公向孔子问政，孔子在答话中讲到“仁者，人也”。这儿的“人”应该包括“性”与“习”两方面，即包括（仁）人的初始状态、修习功夫以及应然境界。“仁者，人也”即修身以仁为的是成为（仁）人。据此，也可以说“人是实现仁的动物”。

犹如在漫长的进化过程中形成的人的生物属性对于一代代人类个体来说具有“先天”性，在人类的漫长的社会生活过程中形成的人的社会属性对于一代代人类个体来说也具有“先天”性。孟子说：“仁义礼智，非由外铄我也，我固有之也。”（《孟子·告子上》）即认为仁义礼智等德性，不是后天添加的，而是人类个体的初始状态中固有的。就初始状态中固有而言，人类个体的社会属性与其生物属性是相同的。人类个体的社会属性与其生物属性的不同在于，人的生物属性是给定的，一旦生而为人就具备现实的生物的人性；而人的社会属性则需要在后天的社会生活过程中通过持续地修习功夫，才能成为现实的人性。也就是说，“我固有之”的道德属性以及各种社会属性在人类个体的初始状态都只是潜能。孟子把这叫作“端”。孟子说：“恻隐之心，仁之端也；羞恶之心，义之端也；辞让之心，礼之端也；是非之心，智之端也……凡有四端于我者，知皆扩而充之矣，若火之始然，泉之始达。”（《孟子·公孙丑上》）孟子把人的道德属性归结为仁义礼智并且以恻隐之心、羞恶之心、辞让之心、是非之心对应仁义礼智是否恰当，另当别论，重要的是，按孟子的说法，在人类个体的初始状态具有的是实现仁义礼智等德性的潜能，而不是现实的仁义礼智等德性。如果把仁义礼智的潜能等同于现实的德性，那么，“扩而充之”的修习也就失去意义；如果没有仁义礼智的潜能，那么，仁义礼智之“达”就是无源之水。正是因为人类个体“先天”具有道德属性的潜能，并且只是具有道德属性的潜能，社会生活中的道德教育和道德修养才既是可能的，又是必要的。这是孟子对儒家人性说的一大贡献。

可以说，孔子所言志于仁之“志”、用其力于仁之“力”，也是以具有潜能为前提的。虽然孔子对此没有明确说明，但是，在“我欲仁，斯仁至矣”“有能一日用其力于仁矣乎？我未见力不足者”以及“仁者，人也”等等言说中蕴涵着这样的意思。由于具体的人对“志”和“力”的处理不同，导致后天道德境界的差距，即“习相远”。对其他类的不同的分子来说只有“性相近”，只有人类的不同的分子才有“习相远”的问题。

中国古代讨论人性问题往往与善恶评价联系在一起

讲。由于人们讨论人性的范围不同——有的从必有属性讲，有的从共有属性讲，有的从专有属性讲，还有的结合偶有属性讲等等，由于人们对具体什么是善什么是恶的看法不同，所以，对人性善还是恶的评价也五花八门，诸如认为人性善、人性恶、人性无善无恶、人性有善有恶，以及“性三品”——即认为有的人性善、有的人性恶、有的人性可善可恶，等等。

孟子说：“人之所以异于禽兽者几希。”（《孟子·离娄下》）孟子讲人性的目的并不是要完整地揭示人的全部属性，而是设定人具有仁义礼智等德性这种专有属性，以此作为“人之所以异于禽兽”的界限，把人与其他动物区别开。在此意义上，孟子主张人性善。孟子所谓“性善”仍然是潜能意义的，不能理解为人生而具有现实的善。潜能需要通过“扩而充之”的修习才能逐渐实现为现实。如果不是努力地实现善的潜能，反而使其不断受损，那么善的潜能将会逐渐泯灭——对此，孟子曾有“牛山之木”的比喻。（见《孟子·告子上》）如是，这样的人也就不再属于（道德的）人类了。所以，对其他某个X类中的分子来讲，不存在“不是X”之詈，而对人类的分子来说，“不是人”是一种很严重的道德谴责。

荀子从人类的某些必有属性讲人性问题，认为“人有气有生有知亦且有义”（《荀子·王制》）。虽然荀子认为人与动物的区别在于人有“义”，但是，荀子又认为“义”完全是通过后天教化而有，没有“先天”的根据。这样，就荀子这句话的内容来说，人的“先天”的属性就只是与其他动物的共有属性了。这样，就由从人类的必有属性讲人性转变为从人与其他动物的共有属性讲人性。在此意义上，荀子认为人性是恶的，善是后天人为的。荀子说：“人之性恶，其善者伪也。”（《荀子·性恶》）“伪”即人为。荀子主张“化性起伪”（同上）。“起伪”指产生礼仪法度，“化性起伪”即设置并执行礼仪法度使人性由恶变为善。问题是，如果人性恶，那么怎样“化性起伪”呢？对此，荀子把“化性起伪”之事归于“圣王”。荀子说：“性善则去圣王，息礼义矣；性恶则与圣王，贵礼义矣。”（同上）“去圣王”即离开圣王，“与圣王”即亲附圣王。荀子讲人性恶的目的之一，就是要证明圣王存在的必要性。这样，荀子讲人性恶就是只针对把圣王除外的其他人的人性，而不是包括圣王在内的所有人的人性，由从人类的必有属性讲人性转变为从人类的偶有属性讲人性。后来，董仲舒、韩愈讲“性三品”，也是结合人类的偶有属性讲人性。退一步说，即使是除圣王之外的其他人，如果没有异于其他动物的某种“先天”的专有属性，那么，怎么能够通过礼仪法度变化人性呢？为什么圣王不能教化其他动物（比如猿猴）变化其性？对此，荀子认为，所有的人“皆有可以知仁义法正之质，皆有可以能仁义法正之具”（同上）。这已经是在走向孟子的善“端”之论了。可见，荀子的“人之性恶”难以自圆其说。因为，尽管不同的人可以对具体什么是善什么是恶有不同的看法，但是，无论如何，在讨论人性时如果要涉及善与恶的问题，那么就不能不讲善的“先天”的根据。否则，其论述难以站得住。

王充在《论衡·本性》中讲：“周人世硕，以为人性有善有恶。举人之善性，养而致之则善长；恶性，养而致之则恶长。”扬雄说：“人之性也，善恶混。修其善则为善人，修其恶则为恶人。”（《法言·修身》）。人性有善有恶、人性善恶混之论，肯定善的“先天”的根据，但是，把善恶分开来讲，看作是两股道上跑的车，二者各自运行，各有始发点（即“先天”的根据）和运行路线，互不相干。

虽然善与恶是相互对立的，但是，善与恶并不总对称。比如，我们可以说恶是没有努力为善的结果，但是，我们不说善是没有努力为恶的结果。之所以如此，是因为，无论人们怎样界定“善”“恶”，所有讨论人性善、恶的理论都主张向善去恶，而不是相反。孟子说“人之所以异于禽兽者几希”（《孟子·离娄下》），这“几希”指善的潜能，但是，并不能说“不异于”禽兽的属性或者说人与其他动物的共有属性就是产生恶的原因，否则，就会得出动物本性是恶的结论。而对于动物来说，不存在善恶评价的问题。善恶评价只限于评价人。恶是在人不努力将善的潜能实现为现实，以至于使其逐渐泯灭的过程中产生的。人的善的潜能的泯灭不同于其他动物没有善的潜能，其他动物没有善的潜能是自然现象，人未能努力实现以至于泯灭了善的潜能则产生恶。善与恶的产生都因于那异于禽兽的“几希”，因此，在讨论人性时，讲善则不能不讲善的“先天”的根据，讲恶却不必另讲恶的“先天”的根据。陆九渊说：“有善必有恶，真如反覆手。然善却自本然，恶却是反了方有。”（《陆九渊集》，中华书局1980年版，第400页。）善恶不是两条不同的道路，而是同一条道路的两个相反的方向。

对于实现善来说，“先天”的根据是必要的，但是，并非是最重要的，最重要的是后天实现善的修习。所以，无论关于人性善与恶的哪种说法，都重视后天的修习。“性相近也，习相远也”这句话的重点不在“性相近”，而在“习相远”。程颐说：“人只是一个习。”（《河南程氏遗书》卷第十八）

（二）绘事后素

志对于追求仁、实现仁的境界是非常重要的，没有追求仁、实现仁的志向，也就没有自觉地追求仁、实现仁的行动。所以，儒家很重视立志。孔子说自己“十有五而志于学”（2.4），并且经常与弟子们讨论各自的志（见5.26、11.26、《孔子家语·致思》等）。程颐说“学者先务，固在心志”（《河南程氏遗书》，卷第十五），王守仁说“立志者，其本也”（《王阳明全集》，上海古籍出版社1992年版，第169页），都强调立志的重要性。但是，如果只有志向，而没有实实在在的“用其力于仁”的功夫，那么志向就是空的。所以，儒家更重视“用其力于仁”的功夫。

用其力于仁首先要致力于真实。如果不以真实做基础，那么，其他一切致力于仁的修养都是没有根基的。《中庸》讲：“诚者，天之道也；诚之者，人之道也。”就“天之道”来说，没有虚假的问题，就是一个“诚”。只是在人的活动中才有虚假的问题，所谓“弄”虚“作”假。所以，要通过“诚之”来防止和消除虚假。弄虚作假主要表现为表里不一，言行不一，名实不一，“诚之”就是要致力于做到表里一致，言行一致，名实相符。

孔子说：“巧言令色，鲜矣仁！”（1.3）巧、令在这里都用作动词，都是好、美的意思。巧言、令色指刻意于好其言语、美其颜色，而忽视言语与实际行动的一致、容色与内在情感的一致，这样，很难实实在在地用其力于仁，所以说“鲜矣仁”。孔子又说：“刚、毅、木、讷近仁。”（13.27）刚直、坚韧、质朴、言拙的品质之所以能近于仁，是因为它们没有失真。也许其言语的表达不太中听，也许其有时与人相处脸色不太好看，但是，这是可以通过教化和修养而改善的。所以，相比没有真实根基的巧言、令色来说，刚、毅、木、讷更近于仁。

孔子说："不得中行而与之，必也狂狷乎！狂者进取，狷者有所不为也。"（13.21）中行指行得其中。狂是过中，狷是不及中。狂和狷虽然都偏于一端，但是，只要是以真实为基础，经过教化和修养，还是可以不断地接近于中的。反之，如果是刻意作"中"，也许貌似"中行"，实则为"乡原"（17.13）。孟子说乡原是"阉然媚于世也者"（《孟子·尽心下》）。唐君毅说："凡以顺应世俗为第一义者，皆孔子所谓乡原。"（唐君毅《孔子与人格世界》，《近四十年来孔子研究论文选编》，齐鲁书社 1987 年版，第 585 页。）乡原只是曲意逢迎，左右看，顺人情，貌似谨厚中行，实则同乎流俗，合乎污世，所以孔子说乡原是"德之贼"（17.13）。之所以说乡原是德之贼，是因为乡原混淆了人们对德的理解，似是而非。似是而非的危害比明显的过与不及严重得多。所以，孔子"恶似而非者"（《孟子·尽心下》）。

《论语》中记载了孔子对一个叫微生高的人的评价。孔子说："孰谓微生高直？或乞醯焉，乞诸邻而与之。"（5.24）直即不曲，既有率直、不掩饰的意思——这样的直是真，也有僵直、不变通的意思——这样的直是固。可能微生高给人的印象还是看重义气、固守信用的，所以当时有的人认为微生高直。而孔子则认为微生高不直。孔子说，有人向微生高要点醋，微生高自己没有，便转而向邻居要了点，给了借醋的人。这中间就有“弯曲”之意了。朱熹《论语集注》引范氏说：“有谓有，无谓无，曰直。”有谓无不直，无谓有——即从邻居家要来而不说自家没有——也不直。那么，如果自家没有，向邻居要来而付与要醋的人，并且明确告诉他是向别人要来的，是不是就可以说是直呢？关于这一点，朱熹讲到：“这个便是自家要做一面人情，盖谓是我为你乞得……凡人欲恩由己出，皆是偏曲之私。”（《朱子语类》卷二十九）从孔子所讲，我们不能知道微生高“乞诸邻而与之”属于哪种情况，但无论怎样也是“用意委曲”了。用意委曲便容易失真。

《论语》中记载，子夏问孔子，“巧笑倩兮，美目盼兮，素以为绚兮”这几句诗是什么意思呢？孔子回答说：“绘事后素。”子夏接着问：“礼后乎？”孔子说：“起予者商也！始可与言《诗》已矣。”（3.8）“巧笑倩兮，美目盼兮”出自《诗·卫风·硕人》，描写美人的笑容和眼神。“素以为绚兮”不见世传本《诗经》，朱熹认为是一句逸诗。这一句的意思是洁白的底子上画着绚丽的图案。这几句诗的字面意思不难理解，子夏所问的是深层意思。孔子回答“绘事后素”，字面意思是说，先要有洁白的质地，然后才能绘以图案，而深层意思是说，其他的修养功夫（以“绘事”比喻），需要在真实（以“素”比喻）的基础上进行。所以，当子夏进一步问“礼后乎”，便受到孔子的高度称赞，认为子夏能发挥阐明他的意思，可与其进一步讨论《诗》了。可以说“绘事后素”是孔子学说的一个基本原则。

孔子学说的中心问题是情和理的关系问题，思考这个问题的框架是情—理—情，而不是理—情—理。仁是情和理的融通，是融合着理的情，但不能说是掺和着情的理。《郭店楚墓竹简·性自命出》说“始者近情，终者近义”，《毛诗序》说“发乎情，止乎礼义”，孔门特别强调德行修养要以真实为基础，要从真情实感开始。《礼记·礼器》说：“忠信之人，可以学礼。苟无忠信之人，则礼不虚道。”忠、信都强调真实。当然，这只是思考问题的框架，在现实中没有纯粹的情和纯粹的理。

《论语》中讲到过一件事，叶公对孔子说：“吾党有直躬者，其父攘羊，而子证之。”孔子说：“吾党之直者异于是，父为子隐，子为父隐，直在其中矣。”（13.18）直躬指直身而行。孔子说“吾党之直者异于是”实际上是对比了两种不同的“直”。叶公说的是理之直，孔子说的是情之直。情，要在真；理，要在正。直可以是真的表现，也可以是正的表现。就人的行为而言，真不见得就一定正，但是，在孔门这儿，正一定要建立在真的基础上，所以讲“绘事后素”。一个人的父亲盗了别人的羊，按真实感情来说，作为儿子的是不愿意把这件事情揭发出来的。儿子自愿站出来揭发父亲的过错，这不是其真实感情的表露。在孔子看来，在这种情况下，根据真实的感情应该是“隐”而不是“证”。当然，孔子并不认为父为子隐、子为父隐就正，所以只是说“直在其中”，而不是说“正在其中”。其实，无论“证”还是“隐”都各有其偏，不是说“隐”就对，“证”就全不对，或者反过来说，“证”就对，“隐”就全不对。社会生活中的各种价值之间并不总是一致的，经常会把人摆在两难选择的困境，很难简单地以是非善恶来评价。亲亲互隐只是从孔门思考情理问题的框架来说，情之直相对理之直来说具有在先性。但是，并不具有优越性。

因此，孔子学说非常重视培养人的真实情感。人的最真实的情感，首要的是儿女（及晚辈）在父母（及长辈）的关爱中生发出的对父母（及长辈）的敬爱之情，其次是弟幼在兄长的关爱中生发出的对兄长的敬爱之情。对父母（及长辈）的敬爱之情是孝，对兄长的敬爱之情是悌，所以，有若说孝悌是“为仁之本”（1.2）。孔门讲孝悌，绝不只是对子弟、对晚辈有这样那样的要求，而更重视怎样培养子弟、晚辈对父兄、长辈的真实的敬爱之情。孝悌的根本精神是敬爱之情，不同于义务。义务可以规定，而敬爱之情是养出来的。

比如，孔子很重视在祭祀活动中培养人对先祖的真诚的敬爱之情。祭祀先祖是宗法社会非常重要的生活内容，在许多人看来，祭祀活动的主要目的是为了禳灾祈福。在《诗》中可以见到有关的表述，如“先祖是皇，神保是飨。孝孙有庆，报以介福，万寿无疆”（《小雅·楚茨》）。“先祖是皇，报以介福，万寿无疆”（《小雅·信南山》）。《墨子·天志上》说：“故昔三代圣王，禹、汤、文武，欲以天之为政于天子，明说天下之百姓，故莫不犓牛羊，豢犬彘，洁为粢盛酒醴，以祭祀上帝鬼神，而求祈福于天。”孔子不太重视这样的祭祀目的。孔子说：“君子德行焉求福，故祭祀而寡也。”（《马王堆汉墓帛书·要》）“德行焉求福”则可以淡化以禳灾祈福为目的的祭祀，所以说“祭祀而寡也”。《礼记·祭统》“祭者，所以追养继孝也。”《上海博物馆藏战国楚竹书·仲弓》记载孔子说：“夫祭，致敬之本也。”追养继孝、敬爱先祖才是祭祀的意义所在。所以，孔门对所祭祀对象不做是否“在”的证明，而是注重在祭祀过程中，通过真实情感的投入，生成其所祭祀的对象。《论语》中讲：“祭如在，祭神如神在。子曰：‘吾不与祭，如不祭。’”（3.12）“祭如在”即“祭而在”。“与祭”即参与祭祀，不仅指身体的参与，更指情感的参与。《春秋繁露·祭义》讲：“君子之祭也，恭亲之，致其中心之诚。”没有“中心之诚”，即使亲身参与了祭祀活动，也仍然是“不与祭”，也仍然如同不曾祭祀一样。《礼记·祭义》说：“致齐（斋）于内，散齐（斋）于外。齐（斋）之日，思其居处，思其笑语，思其志意，思其所乐，思其所嗜。齐（斋）三日，乃见其所为齐（斋）者。祭之日，入室，僾然必有见乎其位；周还出户，肃然必有闻乎其容声；出户而听，忾然必有闻乎其叹息之声。”祭祀对象之“在”是情感的，不是实证的。《礼记·祭统》说：“祭者，非物自外至者也，自中出生于心也。”

在孝悌的基础上，把父母子女之间、长辈晚辈之间、兄弟姐妹之间的亲情扩充推广，“爱近以及远”（《说苑·贵德》），做到“老吾老以及人之老，幼吾幼以及人之幼”（《孟子·梁惠王上》），进而扩展到“泛爱众”（1.6），也就是在实现仁的境界了。后来韩愈说“博爱之谓仁”（《原道》），程颢说“仁者以天地万物为一体”“仁者浑然与物同体”（《河南程氏遗书》卷第二上），进一步把爱扩展到天地万物。程颢又说：“医书言手足痿痹为不仁，此言最善名状。”（同上）王廷相说：“仁者，与物贯通而无间者也。”（《慎言·作圣篇》）“痿痹”和“不仁”的共同特点是不贯通，没感觉，而仁的一个重要特点就是贯通，打通人己限隔。陆九渊说：“宇宙不曾限隔人，人自限隔宇宙。”（《象山语录》

上）王守仁说："大人者，以天地万物为一体者也……若夫间形骸而分尔我者，小人矣。"（《大学问》）"仁"是对人己限隔的无止境的超越，在不断超越的过程中把自己逐渐地大起来，成为"大人"。虽然后儒的思想内容与孔子有所不同，但其思想倾向还是与孔子一致的。

通过推己及人的功夫把自己的真实情感扩展出去，是实现仁的境界的重要途径，而推己及人的根据是忠恕之道。

忠是"考中度衷"（《国语·周语上》）的意思，即省察自己内心以推知他人内心，设身处地地替别人着想。孔子说："夫仁者，己欲立而立人，己欲达而达人。能近取譬，可谓仁之方也已。"（6.30）"能近取譬"就是以自己为比照的尺度。"己欲立而立人，己欲达而达人"是由省察自己之欲而推知他人之欲，这可以说是忠。"己欲立而立人，己欲达而达人"并不是要把自己之欲强加到他人头上，而只是说要由己知人，自己想立得住，也要让人立得住；自己想行得通，也要让人行得通。至于他人是否愿意立得住、行得通，那是他人自己的事，但是从己的角度讲，不能妨碍人的立与达。

恕是"以己量人"（《新书·道术》）、"以身为度"（《尸子·卷上》）的意思。当仲弓问孔子怎样实现仁时，孔子说"己所不欲，勿施于人"（12.2）。"己所不欲，勿施于人"是以自己所不欲为尺度来衡量如何对待他人，这可以说是恕。子贡曾问孔子有没有一个可以终身按着去做的字，孔子回答说“恕”（15.24）。孔子说：“恕则仁也。”（《大戴礼记·卫将军文子》）颜回说：“一言而有益于仁，莫如恕。”（《孔子家语·颜回》）

历代儒家思想家都非常重视忠恕，比如，《大学》讲“所恶于上，毋以使下；所恶于下，毋以事上；所恶于前，毋以先后；所恶于后，毋以从前；所恶于右，毋以交于左；所恶于左，毋以交于右。此之谓絜矩之道”。《中庸》讲“忠恕违道不远，施诸己而不愿，亦勿施于人”。孟子讲“强恕而行，求仁莫近焉”（《孟子·尽心上》）。荀子讲“君子有三恕：有君不能事，有臣而求其使，非恕也；有亲不能报，有子而求其孝，非恕也；有兄不能敬，有弟而求其听令，非恕也。士明于此三恕，则可以端身矣”（《荀子·法行》）。可见忠恕在儒家学说中的重要性。

在先秦，墨家讲“兼相爱”，从表层看，有似儒家的“爱人”，但从深层讲，二者却有很大差异。儒家“爱人”的基础是真实情感，“博爱”是真实情感的扩充和推广；墨家的“兼相爱”则是以“交相利”为目的。墨子认为天下之害，诸如“国之与国之相攻，家之与家之相篡，人之与人之相贼，君臣不惠忠，父子不慈孝，兄弟不和调”等等，都是由于不相爱而生。由于“爱人者，人必从而爱之；利人者，人必从而利之；恶人者，人必从而恶之；害人者，人必从而害之”，所以，要兴利除害，就要“以兼相爱交相利之法易之”（《墨子·兼爱中》）。如果能使天下兼相爱，那么，“国与国不相攻，家与家不相乱，盗贼无有，君臣父子皆能孝慈”（《墨子·兼爱上》），这样，则天下治。概括而言，就是天下兼相爱则治，交相恶则乱。所以，墨子说“不可以不劝爱人者，此也”（同上）。可见，儒家之“爱人”是情之爱，是“热”的；墨家之“爱人”是说彼此相爱对大家都有利，是说理之爱，是“冷”的。

孔门不仅重视养真情，还重视说真话。《易传·文言》讲“修辞立其诚”，朱熹讲解说“人不诚处多在言语上”（《朱子语类》卷第六十九）。言语是最容易让人失真的地方，所以，“诚之”“立其诚”要从言语的诚信开始。诚、信二字皆从言，可见言与真的关系非常密切。

所谓真话——不涉及重言式之类的形式语言——就是所说的内容与事实相符合的话。事实有言前之事实和言后之事实，所以，言语符合事实也有符合言前之事实与符合言后之事实。可以将前者称之为前符合的真话，将后者称之为后符合的真话。

前符合的真话是对既定事实的言说。有时候，由于各种原因，会导致言说与既定事实不符的现象。比如，由于人的认识的局限，可能会导致言说与既定事实不符。对于这类问题，孔子的态度是“知之为知之，不知为不知”（2.17），要确认自己知或不知，对于不能确认知或不知的疑似内容，要“阙疑”，即将其“悬置”起来，然后“慎言其余”（2.18）。政治的或道德的原因也会导致言说与既定事实不符，“指鹿为马”“皇帝的新装”就是最典型的这种现象。对于这类问题，孔门的态度是要以“匹夫不可夺志”（9.26）、“至死不变”（《中庸》）的气概坚持说真话。中国传统文化很重视史，而著史重在纪事真实可信，无所讳饰，以成信史。魏孝文帝拓跋宏曾说：“时事不可以不直书。人君威福在己，无能制之者，若史策复不书其恶，将何所畏忌耶!”（《资治通鉴》，卷一百四十二）因此，历史上对于那些能秉笔直书说真话的史家评价甚高。《左传·襄公二十五年》记载，齐国大夫崔杼把国君齐庄公杀了，太史在史册上写下“崔杼弑其君”，崔杼很生气，就把这个太史杀了。太史的两个弟弟先后接着还是这样写，也都被杀了。太史的另一个弟弟接着还是这样写，崔杼没办法，只好不管了。《左传·宣公二年》记载，晋灵公要杀赵盾，赵盾逃亡，还没有出国境，听说兄弟赵穿把晋灵公杀了，就返回来了。董狐在史册上写下“赵盾弑其君”，赵盾不同意这样写，董狐说，你是正卿，逃亡没有出境，返回来也没有办赵穿的罪，所以这弑君的名声就应该归到你身上。孔子就此说，“董狐，古之良史也，书法不隐”。齐太史和晋董狐的书写都带有其所处时代的评价规则的因素，但是，就其能按既定的规则书写史实来说，还是可以说与事实相符合的。文天祥《正气歌》中讲“在齐太史简，在晋董狐笔”，认为在齐太史和晋董狐身上体现着正气。

言行一致也有前符合的问题。比如，孔子说：“先行，其言而后从之。”（2.13）如果在后之言能如实地讲述在先之行，就是前符合的言行一致。否则就是言行不一。先行后言的言行不一往往发生在言对已行的粉饰、掩饰上，比如，文过饰非、粉饰太平等等。孔子说：“行，从而言之，则行不可饰也。”（《礼记·缁衣》）饰，容易导致伪，所以要慎重对待。

后符合的真话是对尚未发生的事实的言说，诸如预言、诺言、约言等等。由于事物联系的广泛性和变化的复杂性，未来总是敞开着许多的可能，所以，对尚未发生的事实的言说，更容易出现言说与以后发生的事实不符合的情况。因此，孔门对预言之类的言说不做过多的关注。《易》本来是占筮之书，是要对尚未发生的事实做预言，而孔子却将《易》引向领悟宇宙人生的道理，说“仁义焉求吉，故卜筮而希也”（《马王堆汉墓帛书·要》）。《礼记·少仪》讲“毋测未至”。至于诺言，《老子》说“轻诺必寡信”（《老子》第六十三章），孔子非常注重信，也主张不轻诺。孔子说：“古者言之不出，耻躬之不逮也。”(4.22)“言之不出”包含不轻诺。

后符合的言行一致，其实也是在后之行符合在先之言的问题。由于言在先，行在后，所以要“听其言而观其行”(5.10)。如果言过其行，则其言为大话；如果有言无行，则其言为空话。孔子说：“君子耻其言而过其行。”(14.27)《礼记·杂记》说：“有其言无其行，君子耻之。”说大话、空话都是言行不一，所以是可耻的。

就言和行两方面讲，言易行难，所以，要做到后符合的言行一致，在先言的时候就要关照着后行，否则，就容易流于大话、空话。孔子说：“其言之不怍，则为之也难。”(14.20)大言不惭，难以兑现，必然导致言行不一。陆陇其说：“凡人志于为者，必顾己之造诣力量时势事机，绝不敢妄发言。如言之不怍，非轻言苟且，即大言欺世。”(《四书困勉录》)因此，要慎重行前之言。孔子说：“君子寡言而行，以成其信。”(《礼记·缁衣》)“寡言而行”可以避免或减少言行不一。当然，后符合的言行一致，重点还是在行上，要努力使在后之行符合在先之言。所以，要“敏于事而慎于言”(1.14)，“讷于言而敏于行”(4.24)。《中庸》说：“言顾行，行顾言，君子胡不慥慥尔。”慥慥是忠厚诚实的样子。言和行时时相互照顾，这样才能忠厚诚实。

附：说“孝”

孝属于儒家最重视的内容，正确地理解孝对于正确地把握儒家学说非常重要。

第一，关于孝与宗法。

“孝”从耂从子，是一个会意字，表示子对亲的扶持、敬仰、继承的亲密关系。

就人类来讲，各个民族基本上都关注亲子之间的亲密关系，其中自然包括儿女对父母的敬爱之情，这本来是一种心理现象，但是，中国传统文化特别重视这种现象，将其提升到道德的和政治的高度。这与中国传统的社会结构和价值体系相关。

中国传统社会的结构长期以来是以家为基础的宗法制。早在夏、商时期，统治者就已利用宗法制进行统治，到了周代，对以往的宗法传统习惯进行了整理和补充，形成严密完备的宗法制度。宗法制的特点是：以血缘关系为基础，尊崇共同的祖先，在宗族内部区分长幼尊卑等级，规定继统秩序以及宗族不同等级成员的权利和义务。

以周朝为代表的宗法制度的主线是嫡长继承制，即确立嫡长子具有优先继承权。“立嫡以长不以贤，立子以贵（母贵）不以长”（《春秋公羊传注疏》卷第一）。在宗族内部区分大宗、小宗，无论大宗、小宗，都严格区分嫡庶长幼，以正嫡为宗子。

《礼记·丧服小记》说："别子为祖，继别为宗，继祢（亲庙、父庙。父死，神主入庙后称祢）者为小宗。有五世而迁之宗，其继高祖者也。是故，祖迁于上，宗易于下。尊祖故敬宗，敬宗所以尊祖祢也。"《礼记·大传》说："别子为祖，继别为宗，继祢者为小宗。有百世不迁之宗，有五世则迁之宗。百世不迁者，别子之后也。宗其继别子之所出者，百世不迁者也。宗其继高祖者，五世则迁者也。尊祖故敬宗，敬宗，尊祖之义也。"

所谓别子，是与嫡长子相对而言。嫡长子所继为大宗，其他诸子相对嫡长子所继为小宗。小宗不能世守祖庙，只能另分一系，成为后世之祖，这就叫"别子为祖"。在另分出的这一支系中，嫡长子所继为大宗，其他诸子为小宗，以此类推，这就是"继别为宗，继祢者为小宗"。随着宗族的延续，子孙不断增多，许多代以后，互相之间血缘和感情上的联系会越来越疏远，于是，根据五世亲尽的原则，规定连同本身，只向上推到第五世高祖，也就是一个人只需宗奉继祢、继祖、继曾祖、继高祖四个小宗，这就是"五世而迁之宗，其继高祖者也"。然而，只讲五世而迁，一个宗族又会漫无统系，分裂为许许多多的小宗或家族，因此，又要强调"宗其继别子之所出者，百世不迁者也"。即最初的大宗要永受宗奉。不只继承高祖、曾祖、祖、父，还要追溯继承始祖的后人为大宗；只继承高祖、曾祖、祖、父的后人为小宗。“小宗有四，大宗有一，凡有五宗”（《白虎通·宗族》）。其实，小宗都统在大宗中，讲小宗体现的是“五世则迁”的推移，讲大宗体现“百世不迁”。比如，在下面的“祖宗图”中，祖父6要宗宗5（父宗）、宗4（祖宗）、宗3（曾祖宗）、宗2（高祖宗），但是不宗宗1，而祖父6的嫡长子、嫡长孙都要宗宗1。父7要宗宗6（父宗）、宗5（祖宗）、宗4（曾祖宗）、宗3（高祖宗），但是不宗宗2、宗1，而父7的嫡长子要宗宗2、宗1。以此类推。这叫“高祖迁于上，宗则易于下”（《白虎通·宗族》）。

祖宗图

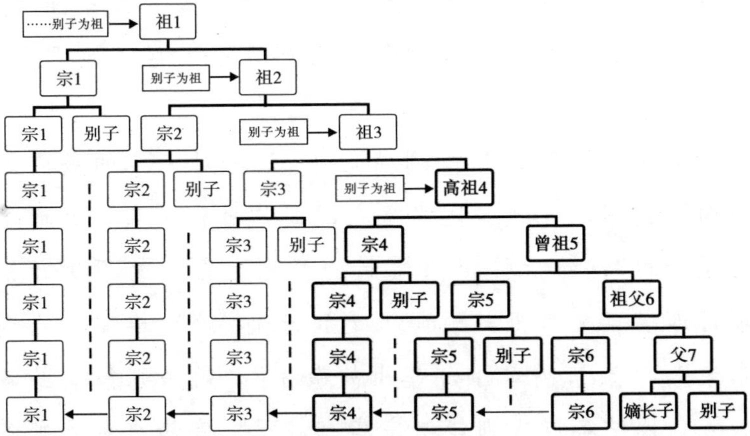

比如，周王的嫡长子继承天子之位，其他庶子则被封为诸侯，统大小不等的诸侯国。诸侯的嫡长子继承诸侯之统，其他庶子则被封为大夫，领大小不同的采地。

大夫之下还有士、庶等等。诸侯相对天子是小宗，相对大夫是大宗。这样，整个王朝的主体就成为以血缘关系为基础而编织的网络，宗族组织和国家机构合而为一。

宗法制的核心是亲亲、尊尊。维护这种亲亲、尊尊，最主要的是强调孝悌，即对祖宗、父母、兄长的尊敬。所以，在宗法社会十分重视孝悌的培养。如果在宗法组织中能孝悌，那么在国家机构中也就不会发生犯上作乱的现象了。就像有若所说，“其为人也孝弟，而好犯上者，鲜矣；不好犯上，而好作乱者，未之有也”(1.2)。《礼记·大传》说：“自仁率亲，等而上之至于祖。自义率祖，顺而下之至于祢。是故人道亲亲也。亲亲故尊祖，尊祖故敬宗，敬宗故收族，收族故宗庙严，宗庙严故重社稷，重社稷故爱百姓，爱百姓故刑罚中，刑罚中故庶民安，庶民安故财用足，财用足故百志成，百志成故礼俗刑，礼俗刑然后乐。”把对父兄的敬爱之情向前追溯，直到遥远的祖宗，即“自仁率亲，等而上之至于祖”；然后按照宗法制的原则，自上而下进行治理，即“自义率祖，顺而下之至于祢”。这样便“人道亲亲”，“亲亲故尊祖，尊祖故敬宗”。敬宗则能团结各族人，团结各族人则能使宗庙有威严，宗庙有威严则各族人看重国家社稷，各族人看重国家社稷则亲爱百姓(百姓在此指共同掌管政治的人)，亲爱百姓则刑罚恰当，刑罚恰当则庶民安定，庶民安定则财用充足，财用充足则各种志愿得以实现，各种志愿实现则礼俗得以形成，礼俗形成则民众乐意，社会由此得以治理。

有若“其为人也孝弟，而好犯上者，鲜矣；不好犯上，而好作乱者，未之有也”的说法，就是建立在这种思路之上的。《大学》讲修身、齐家、治国、平天下，其中的家即大夫之家，其中的国即诸侯之国，天下指天子统治的范围。在《孝经》中讲到天子之孝、诸侯之孝、卿大夫之孝、士之孝、庶人之孝，整个《孝经》主要是围绕社会治理讲的。

但是，制度的设置和实际运行之间往往会有很大的差别。实际情况是，人们并非都能够自觉遵守礼的规范，而经常会有僭越名分的现象发生。尤其是面对强大的利益驱动，血缘的凝聚力会变得很脆弱，僭礼越分的事情也就会不断发生，以至于出现如司马迁所说“春秋之中，弑君三十六，亡国五十二，诸侯奔走不得保其社稷者不可胜数”（《史记》卷一百三十）的局面。由此可见，即使在宗法制下，孝悌对社会治理的作用也非常有限。

第二，关于孝与生命。

与宗法制这种社会治理方式相应，形成了以儒家文化为中心的中国传统文化的大生命观。在儒家文化看来，每一个人的生命都是其祖先生命的延续，是子孙生命的开端，从祖先到子孙的生命是一体的，每一个人都是一个中间环节，因此，每一个人都有义务把这个生命维护好，有义务使这个生命成为一个高尚的生命。

《孝经》说："父母生之，续莫大焉。"大生命是一个"续"的过程。续有身体发肤之续，比如，说"身体发肤，受之父母，不敢毁伤，孝之始也"（《孝经》）。也有传宗接代之续，比如，说"不孝有三，无后为大"（《孟子·离娄上》）。还有志向事业之续，比如，说"立身行道，扬名于后世，以显父母，孝之终也"（《孝经》）。自己的身体、名声也就是父母乃至祖先的身体、名声，所以要抱有一种敬畏感，要小心翼翼地继承、保护，直到自己生命的终结。曾参说："身也者，父母之遗体也。行父母之遗体，敢不敬乎？……父母既没，慎行其身，不遗父母恶名，可谓能终矣。"（《礼记·祭义》）所以，要终身敬慎言行，把自己的言行与父母祖先的荣辱联系起来，"父母虽没，将为善，思贻父母令名，必果；将为不善，思贻父母羞辱，必不果"（《礼记·内则》）。这叫作"慎终"。曾参说："孝子之身终，终身也者，非终父母之身，终其身也。"（同上）"慎终"只是自己"小生命"之终，而不是从祖先开始的"大生命"的终结，这个"大生命"还将要由子孙后代一直延续下去，每一代子孙仍然有"慎终"的义务。

"大生命"是从祖先开始的，这个"始"从父母开始一直追溯上去，"自仁率亲，等而上之至于祖"（《礼记·大传》)。虽然在操作上难以追溯到最初的始端，但是在心中要有对祖先真诚的尊敬，这就是“追远”。在“追远”的过程中把自己的“小生命”与整个“大生命”融为一体。由于每一个人都是其子孙生命的开端，自然也就是子孙“追远”的对象。

引申而言，由于子孙是祖先生命的延续，所以“追远”还应涉及后代。曾参说：“树木以时伐焉，禽兽以时杀焉。夫子曰：‘断一树，杀一兽，不以其时，非孝也。’”(《礼记·祭义》)断树杀兽是人对外物的取用，孝是人对父母祖先的敬爱之情，把二者联系起来的基础是“大生命”观。社群的生存环境被破坏，子孙便不能延续，这意味着祖先的生命在子孙处终结，所以说“断一树，杀一兽，不以其时，非孝也”。这样，“追远”便成为以自己为原点向两边的不断延伸。

概而言之，“慎终”是慎自己之终，“追远”是追祖先(及后代)之远。这样，现在、过去、未来交织在一起，人生的意义和价值就不是只体现为当下的“平面”，而是有了“立体”的厚度，所以说“民德归厚”(1.9)。另一方面，由于把“己之终”与“祖之远”融为一体，历史也有了当下的生机，这叫“祖德维新”，叫“其命维新”。

《中庸》说：“夫孝者，善继人之志，善述人之事者也。”善于继志述事，既包含光大功德，也包含补救过失，这样才能成就高尚的大生命。常言说，人非圣贤，孰能无过。司马光说："过者，人之所必不免也……固不以无过为贤，而以改过为美也。"（《资治通鉴》卷十二）小生命如此，大生命也是如此。东晋沈充，追随王敦谋逆，兵败，被部下所杀。其子沈劲，一方面杀不共戴天的仇人，另一方面哀父死于非义，志欲立勋以雪先耻。在前燕进攻洛阳时，率兵守城，城陷，被俘殉国。司马光说："沈劲可谓能子矣！耻父之恶，致死以涤之，变凶逆之族为忠义之门。"（《资治通鉴》卷一百一）补救先辈的过失也是孝的表现。

在今天，孝的宗法治理功能早已淡出社会，而大生命观则仍然有一定的价值。儒家讲人生修养就是要成为"大人"，即把人大起来，这要从孝悌开始。孝是对父母祖先的敬爱之情，悌是对兄长的敬爱之情，在孝悌的基础上，把爱逐渐推广到所有的人，就是"泛爱众"（1.6）。后来的儒者甚至讲要把爱推广到天地万物上去，讲"仁者以天地万物为一体"（程颢），讲"大人者以天地万物为一体"（王守仁）。"仁"是对自己的限隔的无止境的超越，也就是不断地把自己大起来，成为"大人"。超越限隔的起点是孝悌，所以，有子说："孝弟也者，其为仁之本与！"（1.2）

第三，关于孝与情感。

孝的核心是真实情感。单居离问曾参，"事父母有道乎?”曾参说,“有,爱而敬”(《大戴礼记·曾子事父母》)。没有发自肺腑的对父母祖先的敬爱之情,无论如何也谈不上孝。孔子讲孝,非常重视真实情感。

子游问孝。孔子说:“今之孝者,是谓能养。至于犬马,皆能有养。不敬,何以别乎?”(2.7)一种理解读“养”为 yàng,奉养、侍奉的意思;还可理解为被役使,如用以指役卒。这样便以“犬马”对应子孙,意为犬马也能为人做事,如果不敬,则无异于犬马服侍人。随着技术的发展,人们会不断制造出各种各样能代替人工作的机器,也许某种机器对人生活的服务比真实的人还要周到,如果没有对长辈的敬爱之情,只是机械的服侍,那可能还不如一个机器人呢。一种理解读“养”为 yǎng,意为供给食物及生活所必需,使之生活下去。这样便以“犬马”对应长辈,意为只是供给长辈生活所需,如果不敬,则无异于饲养犬马。

子夏问孝。孔子说:“色难。有事,弟子服其劳;有酒食,先生馔,曾是以为孝乎?”(2.8)在奉养服侍父母长辈的过程中,如果没有好脸色,那么,即使做到服劳奉养,也难以称为孝。好脸色应该是“诚于中,形于外”(《大学》),如果内心没有敬爱之情,只是刻意表现好脸色,“情疏而貌亲”(《礼记·表记》),“不诚于内而求之于外”(《荀子·大略》),同样称不上孝。《礼记·祭义》:“孝子之有深爱者,必有和气;有和气者，必有愉色；有愉色者，必有婉容。”孝是发自内心深处的，所以孝的关键是在心灵深处养出对父母祖先的敬爱之情。《韩诗外传》载，子路问：“有人于斯，夙兴夜寐，手足胼胝而面目黧黑，树艺五谷以事其亲，而无孝子之名者，何也?”孔子说：“意者身未敬邪？色不顺邪？辞不逊邪？……子劳以事其亲，无此三者，何为无孝之名?”（《韩诗外传》卷九）

孝不同于义务。义务出于规范之理，孝出于敬爱之情。这种敬爱之情是养出来的，不是通过讲道理和外在规范的训诫就能教出来。进一步讲，任何感情之爱都是养出来的，不是规定或要求出来的。

第四，关于孝与善。

孝是情的表现，并不具有必然的合理性，所以也就不能以是否合理为标准来评价孝。

孔子说：“三年无改于父之道，可谓孝矣。”（1.11）一个人“三年无改于父之道”，对做事来说也许并非最佳，也许很不合理，但是，如果他“三年无改于父之道”是出于对父亲的敬爱之情，那么就不能说他不孝。在具备敬爱之情的前提下，“三年无改于父之道”是孝的充分条件，只要这样做就是孝。但不是必要条件，因此不能说“改父之道”就是不孝。假如其父之道不合理，而坚持不改，那么可以说是“即使为孝，也不得称善”或者“即使不善，也可以称孝”。孝和善并不等值。

《论语》记载，孟懿子向孔子求问怎样做到孝。孔子说："无违。"（2.5）"无违"指不违什么呢？儒家重视尊卑之序，位卑者要服从位尊者，就此而言，无违指不违父母。但儒家又强调"择善而从"（7.22）、"义之与比"（4.10），就此而言无违是不违善、不违义。如果两者一致，那好处理，既从尊又从善即可。如果两者不一致，那就不好处理了。

尊、卑和善、不善的组合有四种：尊而善，尊而不善，卑而善，卑而不善。这四种情况又可以形成四种尊卑之序：（一）尊而善对卑而善（为了便于分析，我们假定在对同一件事的价值判断上善是没有矛盾的）。这种情况表明尊与卑价值判断一致，不存在从善的问题。（二）尊而善对卑而不善。在这种情况下，卑从尊和不善从善一致。（三）尊而不善对卑而不善。在这种情况下，虽然尊卑彼此的不善之间也可能不一致，但不存在从善的问题（为了便于分析，我们假定彼此的不善是同等程度的），只需卑从尊即可。以上三种情况都不难处理。难处理的是——（四）尊而不善对卑而善。这时从尊与从善矛盾。在这种情况下，儒家一般主张卑的一方要对尊的一方婉言规劝。

尊卑之序最主要的是君臣关系和父母子女关系。《礼记·曲礼下》说："为人臣之礼，不显谏，三谏而不听，则逃之。子之事亲也，三谏而不听，则号泣而随之。”对君臣关系来说，如果臣对君经过多次婉言规劝而君依然不从善，那么臣可以离去。而对父子关系来说，即使子对父经过多次婉言规劝而父依然不从善，子也不能放弃。子女对父母要更孝敬，对其不善忧心忡忡，却不能有埋怨。《大戴礼记·曾子事父母》说：“父母之行，若中道则从，若不中道则谏。谏而不用，行之如由己。从而不谏，非孝也；谏而不从，亦非孝也。”中道即善，不中道即不善。子女对父母之不善，不能从而不谏，如果不能使父母改变其不善，那就如同自己不善一样。但是，如果父母决意不做改变，那也不能谏而不从，子女只好“号泣而随之”，从尊而不从善。这样，一方面将子女置于既反对不善又服从不善的困境；另一方面，更重要的是将会使父母陷于不义，使从祖先开始的大生命的名声受损。父母以及从祖先开始的大生命陷于不义而不救挽是不孝，这又使子女陷入既孝又不孝的矛盾中。

之所以如此，是由于把孝看成一系列必要条件的统一体，如对父母既要有真诚的敬爱，又要顺从父母之志，又要力避父母不义等等，进而把这个“全”孝看作最大的美德。

其实，孝的前提只是对父母（祖先）的发自内心的敬爱之情，只有这敬爱之情是孝的必要条件，其他如顺从父母之志、力避父母不义等等，都不是必要条件。这样就形成一个孝的“族群”，其中有各种各样的“偏”孝，各种各样的“偏”孝之间可以是一致的，如上述（二），也会出现不一致，如上述（四）。出于对父母的真诚敬爱的顺从（无论从善还是从不善）是孝，出于对父母的真诚敬爱的不从不善也是孝。

孝是情，并不必然正义，合情未必合理。荀子说：“推恩而不理，不成仁。”（《荀子·大略》）只有在孝之情的基础上推己及人、克己复礼（规则），才能做到合情合理。否则，孝也可能成为助恶的动力。所以在讲孝时，一定要理性地分析，不能不加分析地盲目地宣扬孝。

（三）克己复礼

仁是情和理的融通，所以，致力于仁、实现仁的境界，不仅要重视情，还要重视理。以赛亚·伯林说：“在每一种文明人的身体之内，都有狄德罗所谓的永恒不变的自然人想要努力挣脱出来：二者无论在何处，始终处于一种内部交战的情形，这也是所有人类文化的持久不变的状况。”（以赛亚·伯林《扭曲的人性之材》，岳秀坤译，译林出版社 2009 年版，第 76 页。）子夏说：“出见纷华盛丽而说（悦），入闻夫子之道而乐，二者心战，未能自决。”（《史记·礼书》）这可以说就是情和理的交战。在情和理两方面，情是“发散”的，理的作用是“收敛”，所谓情和理的融通，就是在情之“发散”

和理之“收敛”的纠缠中实现二者的协调，即合情合理。合情是真，合理是正，人生在世，“真”“正”二字最难做到。

人之真是实现仁的基础，但是，真不见得就正。孔子说：“不得中行而与之，必也狂狷乎！狂者进取，狷者有所不为也。”（13.21）狂者和狷者虽然有真性情的一面，但是却各偏一端，未能中行，未能得正，而要实现仁的境界，不仅要真，而且要正，这就需要对真性情进行必要的节制，这样才能既合情又合理。戴震说，理是“情之不爽失”，说“无过情无不及情之谓理”（《孟子字义疏证》卷上）。没有（治）理，情难免会有差失。根据（义）理来（治）理情，使情无过无不及，没有差失，便表现为（合）理。《礼记·仲尼燕居》中载孔子说“礼也者，理也”，《左传》中说“夫礼，所以整（正）民也”（庄公二十三年），礼是理的外化，包括典章、制度、规矩、仪节等等，在传统社会中，起着节制情的作用。经过礼的节制使情合理，这也就是义（宜），所以说“始者近情，终者近义”（《郭店楚墓竹简·性自命出》），说“发乎情，止乎礼义”（《毛诗序》）。

《论语》中记载，子贡问孔子，颛孙师（子张）和卜商（子夏）谁更优胜。孔子回答说，颛孙师有些过头，卜商有些不足。子贡说，那是不是颛孙师要优胜一些？孔子说：“过犹不及。”（11.16）过和不及都不中正，所以不能抽象地说哪一方更胜一筹。《礼记·仲尼燕居》中也有类似的记载，当孔子说颛孙师过头，卜商不足后，子贡问："将何以为此中者也？"孔子回答说："礼乎礼！夫礼，所以制中也。""礼乎礼"即按礼的规范去做。礼的作用是制"中"，通过礼的节制，人的行为得以中正。如果没有礼的节制，那么各种行为难免失当。比如，孔子说："恭而无礼则劳，慎而无礼则葸，勇而无礼则乱，直而无礼则绞。"（8.2）烦累、畏缩、惹祸、急躁是恭、慎、勇、直偏失的表现。荀子也说："凡用血气、志意、知虑，由礼则治通，不由礼则勃乱提僈；食饮、衣服、居处、动静，由礼则和节，不由礼则触陷生疾；容貌、态度、进退、趋行，由礼则雅，不由礼则夷固僻违、庸众而野。"（《荀子·修身》）

由于任何事物都处在普遍联系之中，所以，其存在和变化并非由单一的因素所决定，而是由多方面因素的共同作用所导致。比如，孔子说："质胜文则野，文胜质则史。文质彬彬，然后君子。"（6.18）质指先天素质，文指后天教化，野是粗野鄙俗，史是虚饰浮夸。彬彬指"相杂而适均"（朱熹语）。质胜文、文胜质是由质和文双方共同导致的偏失，文质彬彬则是由质和文双方共同形成的协调。所以，制中也就不只是求某一因素、某一方面的"中"，而是要实现多方面因素的协调。在这个意义上，"中"又可以称为"和"。相杂强调要有质有文，体现了多样性；适均强调须恰到好处，体现了适度性。“和”是多样性与适度性的统一。

“和”是春秋时期人们讨论较多的一个问题，经常与“同”联系起来讲。在《国语·郑语》中有史伯论和同的话。史伯说：“夫和实生物，同则不继。以他平他谓之和，故能丰长，而物归之。若以同裨同，尽乃弃矣。”“以他平他”是不同事物之间的相互作用，比如，理对情的节制、情对理的反制就是“以他平他”。“以同裨同”是单一事物的叠加，比如，以水救水、以火救火就是“以同裨同”。只有在“以他平他”的过程中才能形成各方面协调的局面，事物才能不断地正常地生长。如果是“以同裨同”的话，那么事物的正常生长就会被终止，不能继续。可见“和”与“同”的区别是很大的，“和”需要以多为前提，“同”则只讲单一。孔子说：“君子和而不同，小人同而不和。”（13.23）中国古代的思想家大都重视“和”，而不主张“同”。《老子》说“和曰常”（《老子》第五十五章），董仲舒说“和者天地之正也”（《春秋繁露·循天之道》），“和”才能“正”“常”。所以，无论做什么事，都要尽量把事情引向“和”的状态。这样，才能即有活力，又有秩序。《中庸》说：“致中和，天地位焉，万物育焉。”“育”意味着活力，“位”意味着秩序。

在《左传·昭公二十年》中有晏婴论和同的话。晏婴说，“和”就像是做羹一样。做羹首先需要多样的物资，比如水、火、醯、醢、盐、梅、鱼、肉等等，只有具备了多样的物资，才能做出好吃的羹来。但是，并非只要具备了多样的物资，就能做出好吃的羹。在具备了多样的物资后，羹的好吃与否，关键在于厨师的“调”。厨师要把多样的物资调在一起，而调的原则是“济其不及，以泄其过”。经过“济其不及”也就没有不及了，经过“泄其过”也就没有过了，这样就调出了无过无不及的和的状态，调出了好吃的羹。在人的各种活动中，所有的和的状态都是调出来的，没有调就没有“和”。《鹖冠子·泰鸿》说：“调味、章色、正声，以定天地人事，三者毕此矣。”调味、章色、正声都是要调出那“和”，天地人事的道理都在那“调和”当中。比如，《左传·昭公二十年》记载，孔子说：“政宽则民慢，慢则纠之以猛。猛则民残，残则施之以宽。宽以济猛，猛以济宽，政是以和。”宽猛相济就是“调”。

在前面讲到，孔子说礼的作用是用以“制中”的（见《礼记·仲尼燕居》），有若说“礼之用，和为贵”（1.12），即礼的重要作用就是实现“和”。在孔门看来，制中、调和是礼（典章、制度、规矩、仪节等等）的核心价值，无论礼的制定还是实施，都要体现制中、调和的价值。子思说：“先王之制礼也，过之者俯而就之，不至焉者跂而及之。”（《礼记·檀弓上》）荀子说：“礼者，断长续短，损有余，益不足。”（《荀子·礼论》）不能起到制中、调和作用的礼，便是有名无实。孔子说：“礼云礼云，玉帛云乎哉?”（17.11）孔子反对徒有其形的礼。

所谓“克己复礼”（12.1），就是要把自己的视、听、言、动等行为纳入礼的规范中，避免和纠正对“中”“和”的偏失，使行为得当。得当即宜（义）。制中、调和都是制宜。孔子说“君子义以为上”（17.23），即君子看重的是义。孔子还说“君子义以为质，礼以行之”（15.18）。“义以为质”即行动的宗旨是制宜，“礼以行之”即通过礼来实行制宜。“克己复礼”不是要消除人的情欲，而是“因其情而节之以礼”，“从其欲而制之以义”（《韩诗外传》卷五），使情欲适宜。

由于事物联系的复杂性和多样性，所以，制中、调和都需要在具体的境遇中进行，即“因X制宜”。如果与义相合，那么即使礼没有具体的规定，也可以以义而作。《礼记·礼运》说：“协诸义而协，则礼虽先王未之有，可以义起也。”如果将礼变成僵硬的模式，那么，即使有各种规定，也没有活力，难以行得通。有若说，礼“有所不行，知和而和”（1.12）。所谓“知和而和”就是以某种僵化的模式为标准来构建所谓“和”，这样反而往往背离了“和”，所以说“有所不行”。孟子说：“执中无权，犹执一也。”（《孟子·尽心上》）“执中无权”即执着于某一个既定的“中”点，不是根据具体的境遇做权衡，所以说“犹执一也”。执一即固执一端。

所以，“中”“和”总是具体的，而不是抽象的。《论语》中记载，颜渊去世，孔子极度悲恸，伤心大哭，随从的人认为孔子过于悲恸了。孔子回答说，他确实很悲恸，但是，不为像颜渊这样的人去世而极度悲恸还为什么而极度悲恸呢？（见 11.10）随从者认为孔子的悲哀之情过了，孔子则认为，颜渊去世，他悲恸大哭，其感情的表达是恰当的。这就是因事制宜。随从者评价“中”的尺度是抽象的，孔子的尺度是具体的。

《论语》中记载，子路问孔子，“闻斯行诸?”知道了该做什么事，就要立即去做吗？孔子说，“有父兄在，如之何其闻斯行之?”有父兄在，要顾及父兄，怎么可以知道了该做的事就立即去做呢？冉有问孔子，“闻斯行诸?”孔子说，“闻斯行之!”对于孔子的不同回答，公西华疑惑不解。孔子解释说，“求也退，故进之；由也兼人，故退之”。冉有行动迟缓，就推推他；子路勇进胜人，就拽拽他。（见 11.22）朱熹说：“冉求之病，乃是子路底药；子路底病，乃是冉求底药。”（《朱子语类》卷第四十）王阳明说：“圣贤教人，如医用药，皆因病立方，酌其虚实、温凉、阴阳、内外而时时加减之，要在去病，初无定说，若拘执一方，鲜不杀人矣。”（徐爱《传习录序》）“克己复礼”就是要救治不合乎礼的弊病，也要对症下药。不求“药方”的普适，只求救治的恰当，是儒家以及中国传统文化的特点。

《论语》中记载，子夏的弟子向子张求问怎样与人交往。子张问，子夏是怎么说的？子夏的弟子回答道，子夏说“可者与之，其不可者拒之”。子张说，子夏说的与我从老师那儿听到的不一样，我听到的是，“君子尊贤而容众，嘉善而矜不能”（19.3）。嘉善即喜欢能人，矜不能即怜惜不能的人。孔子说“师也过，商也不及”（11.16），所以，虽然子张和子夏都向孔子求问怎样与人交往，但是得到的答案是不同的。子夏待人比较宽柔，不好意思拒绝人，所以孔子告诉他该拒绝的就要拒绝；子张待人比较褊直，不大能容人，所以孔子告诉他要包容各色人等。孔子所教是因人制宜，因材施教，而从子夏弟子与子张对话的语境来看，子夏和子张都把孔子对他们的不同教诲普适化了，未能很好地把握老师教诲的精神实质。

所以，孔门非常重视“权”。孔子说：“可与共学，未可与适道；可与适道，未可与立；可与立，未可与权。”（9.30）“可与共学”即可以在一起共同学习。但是，在一起共同学习不见得能有共同的志向。子夏说：“百工居肆以成其事，君子学以致其道。”（19.7）有些知识和技能，“成其事”和“致其道”都需要学，但是由于志向不一样，其意义也就不同。“适道”也就是

“致其道”。孔子讲志于学，他所说的“学”并不是单纯地学知识和技能，以成其事，更重要的是要将志于学上达到志于仁、志于道。有共同的志向不见得都能将志向落在实处，要将志向落到实处，离不开修养的功夫。孔子说“立于礼”（8.8)，说“不学礼，无以立”（16.13)。将志向落到实处的一个重要功夫就是“学礼”。所谓学礼，不是仅仅记一些礼的条目，而是要把自己的视、听、言、动等行为纳入礼的规范，这样才能立身。所以说“立于礼”。能够把自己的视、听、言、动等行为纳入礼的规范，不见得都能根据具体情况制中、调和，所以说“可与立，未可与权”。“权”是“学”的最高境界。孔子说：“君子之于天下也，无适也，无莫也，义之与比。”（4.10）这儿的“适”可以理解为非如此不可的意思。《古今韵会举要·锡韵》说：“意所必从曰适。”这儿的“莫”可以理解为不可的意思。无适无莫就是既没有什么非如此不可，也没有什么绝对不行。比即比照、比量的意思。“义之与比”就是说，无论做什么事，只有一个尺度——义。程颐说：“何物为权？义也。”（《河南程氏遗书》卷第十五）

根据具体情况制中、调和也就是孔子所说的中庸。孔子说：“中庸之为德也，其至矣乎！民鲜久矣。”（6.29）虽然“中庸”一词在《论语》中只出现过一次，但它却是孔子乃至儒家思想中最重要的内容，被认为是最高的德。在孔子之前就有讲“中”的，比如在《论语》中记载有尧对舜讲“允执其中”（20.1），而把“中”和“庸”合成一个词始于孔子。后来有据说是孔子之孙子思所撰的《中庸》，对中庸的思想作了进一步的阐述。

“中庸”由两个概念构成，一个是“中”，一个是“庸”。“中”指无过无不及，恰到好处。对于“庸”，主要有两种解释：一训为“用”。郑玄《礼记注·中庸目录》：“名曰《中庸》者，以其记中和之为用也。庸，用也。”一训为“常”，这又可分两解：一为“经常”，如何晏《论语集解》：“庸，常也。中和可常行之德也。”一为“平常”，如朱熹《论语集注》：“庸，平常也。”

“庸”是一个会意字。《说文解字》：“庸，用也。从庚，从用。庚，更事也。”“庸”有“用”的意思，但是不能简单地理解为“用”，还应该注意到“庚”的意义。“庚”有替代、变换的意思。《广雅·释诂三》：“庚，更也。”《白虎通义·五行》：“庚，物更也。”更替意味着继续，所以“庚”又有“续”的意思。《毛诗正义·小雅·大东》“西有长庚”注：“庚，续也。”对“庸”字的解释应该体现出这种既更替又持续的意思来。朱骏声《说文解字通训定声》：“庸，事可施行谓之用，行而有继谓之庸。”《易传·文言》“庸言之信，庸行之谨”，焦循：“庸，用也；常也，以更代而有常也。”（《易章句》

卷九）《中庸》中有“庸德之行，庸言之谨”，其“庸”也应该这样来理解，即“更代而有常”。

这样，“中庸”应该包含三层意思：一、这是一种无过无不及、恰到好处的状态；二、这种状态要在操持（即“用”）中实现；三、这种操持要在不断地更替变换中持续。这样，便由状态过渡为过程，即不断地致力于“中”的过程。这意味着绝不是要把某种“中”的状态模式化地一直延续下去，而是要不断地在具体的境遇中操持出“中”的状态。这也就是《论语》中所记载的“允执其中”（20.1），即实在而得当地操持具体的“中”。

中庸是一种持续性的致力于“中”的过程，就持续而言，也可以说是一种经常性的活动，是一种“可常行之德”（《论语集解》）。在这个意思上把“庸”解释为“常”，也未尝不可。但是这种解释容易失去“庸”字中所包含的操持的灵性。《河南程氏遗书》：“不偏之谓中，不易之谓庸。中者天下之正道，庸者天下之定理。”（卷七）程颐还说：“中庸，天下之定理。德合中庸，可谓至矣。”（《河南程氏经说》卷六）程颐的解释就使得“庸”由操作性的“允执”变成概念化的“定理”。其实，“庸”既有“常”的意思，也有“易”的意思。《广韵》：“庸，常也，易也。”“常”是在“易”中的“常”，没有“易”也就没有“常”。至于朱熹训“庸”为平常，离“中庸”的原意又远一层。然而这种解释对后世影响颇大，时至今日人们仍多从朱解。

《中庸》说：“君子之中庸也，君子而时中。”“时中”包含“时”和“中”两部分，“中”即无过无不及的状态，“时”指具体境遇，“时中”即随着境遇的变化而形成“中”的状态。朱熹解释“时中”说，“中无定体，随时而在”，君子能“随时以处中”。“随时处中”即根据具体的情况实现“中”。程颐说：“欲知中庸，无如权，须是时而为中。”（《河南程氏遗书》卷十五）要做到“随时处中”“时而为中”需要很好地把握“时”。儒家以及中国传统文化非常重视“时”的问题。《管子》说要“知时以为度”（《管子·白心》）。程颢说：“学者全要识时。若不识时，不足以言学。”（《河南程氏遗书》卷二上）汉语中有许多“与时……”的说法，诸如“与时偕行”（《易传·彖传》）、“与时俱化”（《庄子·山木》）、“与时迁徙”（《荀子·儒效》）、“与时变化”（《淮南子·俶真训》）、“与时迁移”（《史记·太史公自序》）、“与时俱往”（郭象《庄子·齐物论》注）等等，重点都在那“时”上。就礼而言，无论是礼的制定还是礼的施行，都要联系着“时”，所以说“礼，时为大”（《礼记·礼器》）。

如果说常人在某个具体境遇中制中、调和或许还有可能的话，那么要在任何境遇中都能够制中、调和则是非常困难以至于不可能的事，所以孔子说“民鲜久矣”。但是，正如我们在前面讲过的，能不能充分实现是一回事，要不要努力去实现是另一回事。能够持续地致力于中庸即“道中庸”，也就“极高明”了。《中庸》讲“极高明而道中庸”。

在孔子学说体系中，仁是“全德”，中庸是“至德”，“全”包括“至”，“至”贯穿“全”。孔门之志在于实现仁的境界、道的境界，修身之中和为仁，治世之中和为道，所以，可以说中庸是实现仁和道之魂。孔子学说根于操作（行），在这个意义上可以说孔子学说是“以行为本”。在中庸这里，操作与境界统一了。

孔子把他之前历史上人们关于中的思想提升为中庸，对中国文化产生了深远的影响。正确地理解中庸是正确地把握中国传统文化精神的关键，至关重要。中国传统文化关于是非、善恶、美丑等问题都与中庸相关。中国传统文化中的“真理”不是外在于人的活动的，而是在人的活动中生成的，是“即物而真”（《胡宏集》，中华书局1987年版，第13页）。中国传统文化重视人在与境遇的照应中使事物得其宜，即“因X制宜”。“宜”则“是”，所以，在这个意义上，“实事求是”与“因事制宜”是合一的。如董仲舒讲“得其处则皆是也，失其处则皆非也”（《春秋繁露·精华》）；《淮南子》讲“是非有处”，“得其处则无非，失其处则无是”（《淮南子·氾论训》）；胡宏讲“中节者为是，不中节者为非”（朱熹《胡子知言疑义》引）等等。在善恶问题上，如程颢所说“谓之恶者非本恶，但或过或不及便如此”（《河南程氏遗书》卷第二上）。反过来讲，无过无不及即善。在美丑问题上，如董仲舒所说“举天地之道而美于和”（《春秋繁露·循天之道》），葛洪说“匪和弗美”（《抱朴子外篇·勖学》）等等。中、和都是宜，中国传统文化讲真、善、美都在那个宜（义）上。

《中庸》说：“君子中庸，小人反中庸。君子之中庸也，君子而时中；小人之‘中庸’也，小人而无忌惮也。”小人之“无忌惮”是纯意愿的灵活性，貌似“中庸”，实则反中庸。君子之中庸与小人之“中庸”的区别不在无适无莫，而在“义之与比”（4.10）。“道中庸”固然“极高明”，但是又很难操持，容易流于“无忌惮”，所以，如果不能“义之与比”，那么就不可以讲求无适无莫。说“言不必信，行不必果，惟义所在”（《孟子·离娄下》）固然极高明，但是，如果不能把握义，那么还不如“硁硁然”“言必信，行必果”（13.20）。《说苑·权谋》：“君子之权谋正，小人之权谋邪。”王通说：“非君子不可与语变。”（《中说·述史》）“变”指变通、权变。由于非君子没有“义之与比”的原则，所以不可与其讲灵活变通，不可与其讲权变。

《韩诗外传》说：“怀其常道而挟其权变，乃得为贤。”（《韩诗外传》卷二）“克己复礼”是“怀其常道”与“挟其权变”的统一。没有“挟其权变”，“常道”就会僵化；没有“怀其常道”，“权变”就会成为任意妄为。

附：说“义”

孔子说“克己复礼”（12.1），又说“君子义以为质，礼以行之”（15.18）。“义以为质”是说行动的目标是做到义；“礼以行之”是说要通过礼来实行义。《左传》中也讲“礼以行义”（见僖公二十八年、成公二年）。“克己复礼”就是约束自己的行为，通过履行礼来实现义。《礼记·郊特牲》：“礼之所尊，尊其义也。失其义，陈其数，祝史之事也。故其数可陈也，其义难知也。”义是礼的灵魂，要“克己复礼”，不能不知“义”，即使“难知”。

“义”，《说文解字》：“义（義），己之威仪也。从我羊。”

“我”，《说文解字》：“我，施身自谓也。或说，我，顷顿也。”施在此读 yí，斜的意思。“我”从“戈”，并且与身相关，所以说“施身自谓”。徐锴说“从戈者，取戈自持也”（《说文解字系传》）。持戈活动而身体自然倾侧，所以说“施身”、说“顷顿”。有的人认为

"我"之左旁即"身"（见丁福保《说文解字诂林》十二下）。虽然以"我"之左旁为"身"未必十分准确，但是，说"我"与身相关还是有道理的，否则，"施身自谓"之说就没有根据。可以说"我"是身与戈之合成体，表示身与戈的平衡。如果进一步扩展，那么或可说"我"是身体与所持物体的合成体、是自身与他物的合成体，表示身体与所持物体的平衡、自身与他物的平衡。当然，分析"我"字，主要还是指身与戈之合成体。所谓"从羊"之"羊"，应该是插羽毛于"我"，在传写过程中讹变为"羊"。

如是，则"义（義）"象饰羽毛等物于"我"之形状。以羽毛等物装饰"我"，表示此处的"我"是一种表演性的活动，就好像在巫舞中，舞者头戴面具，手执戈盾斧剑等兵器，作驱赶扑打疫鬼之状。我们也可以把这种"我"想象为某种演练活动。表演有一套程式化的东西，犹如后来戏剧中的角色，其脸谱、道具、动作等等，都是程式化的。这些程式是表演者要遵守的标准。表演者遵照程式表演，表现出自己的威风形象，叫作"义"，即所谓"己之威仪也"。"己之威仪"即威仪在己。段玉裁在《说文解字注》中引北宫文子云，"有威而可畏谓之威，有仪而可象谓之义"（原话见《左传·襄公三十一年》）。"仪"在此是标准、表率的意思。"有仪而可象"即取法表率（标准）并将其表现出来。

这个意义的“义”读yí，后来写作“仪”。《说文解字》：“仪，度也。”《国语·周语下》“仪之于民”，韦昭注：“仪，准也。”《管子·形势解》：“仪者，万物之程式也。”

行动符合法度、标准、程式等等，即合适或合式，所以，“义”又被解释为“宜”，即合宜、适宜、适度等。这个意义的“义”读yì。后来人们多从这个意义上讲“义”。比如，《中庸》讲“义者，宜也”；《管子·心术上》讲“义者，谓各处其宜也”；《韩非子·解老》讲“义者，谓其宜也”。“宜”可以表示宜的状态，也可以表示实现宜的过程，所以，“义”也可以有状态之“义”和过程之“义”。比如，扬雄说“事得其宜之谓义”（《法言·重黎》）；孔颖达说“义，谓得其宜也”（《周易·系辞上》“道义之门”疏）。这可以说是状态之“义”。贾谊说“行充其宜谓之义”（《新书·道术》）；韩愈说“行而宜之之谓义”（《原道》）。这可以说是过程之“义”。状态之“义”要通过行动过程来实现。《论语》中记载子路的话：“不仕（事）无义……君子之仕（事）也，行其义也”（18.7）。义在做事的过程中实现，没有做事的过程也就没有义。所以，过程之“义”更重要。《白虎通义·情性》：“义者，宜也，断决得中也。”《释名·释言语》：“义，宜也，裁制事物使合宜也。”《国语·周语下》“义，文之制也”，韦昭注：“义，所以制断事宜。”《礼记·礼运》“义者，艺之分”，孔颖达疏：“义者，裁断合宜也。”“断决得中”“裁制事物使合宜”“制断事宜”“裁断合宜”都是过程之“义”。

《白虎通义·情性》说“义”是“断决得中”。“中”即不偏不倚，无过无不及，在这个意义上，“中”也是“正”，“得中”也就是“得正”。《墨子·天志下》：“义者，正也。”《释名·释典艺》：“义，正也。”这可以说是状态之“义”的正。《礼记》中讲“义以正之”（《礼记·乐记》《礼记·丧服四制》）。《礼记·少仪》“义与志与”，郑玄注：“义，正事也。”这可以说是过程之“义”的正。义则正，所以说“正义”。无过无不及则宜、则中、则正，这是“义”之精髓所在。

程颢说“谓之恶者非本恶，但或过或不及便如此”（《河南程氏遗书》卷第二上）。反过来讲，无过无不及则善。《论语·八佾》“又尽善也”，皇侃义疏：“善者，理事不恶之名也。”“理事不恶”即处理事情无过无不及。无过无不及即为“义”，所以，“义”又有“善”的意思。《诗·大雅·文王》“宣昭义问”，毛亨传：“义，善。”《礼记·缁衣》“章义瘅（dǎn）恶”，陆德明《经典释文·礼记音义》：“《尚书》作‘善’。皇云：‘义，善也。’”

中国古代讨论“义”又往往与“利”联系在一起讲。“利”指利益、有好处，也有“善”的意思。《玉篇·刀部》讲“利，善也”。《左传》说“义，利之本也”（昭公十年）、“利，义之和也”（襄公九年）、“义以生利”（成公二年）、“义以建利”（成公十六年）等，都是强调利来自义。“义之和”之“和”读hè。“利，义之和也”是说，如果实现义，那么利随之而生。也就是说，义蕴涵利，只要有义，那么就有利；但是不能反过来说，只要有利，那么就有义。由于义与利的这种关系，所以，孔子多言义，而“罕言利”（9.1）。因为只要以义为准，就已经蕴涵着正当之利了，不须另言。后来，董仲舒说：“正其谊（义）不谋其利。”（《汉书·董仲舒传》）只要事情做得合宜，其中自有人们的正当之利。在义外另谋之利，必不正当。所以要“见利思义”（14.12）。反过来说，如果做事没有使人们获得正当的利益，那么必定有做得不合宜之处。利是义的结果，不是义的目的。以利为目的是“谋其利”，不是“正其义”。孔子说“君子喻于义，小人喻于利”（4.16），朱熹在回答弟子之问时说：“君子见得这事合当如此，却那事合当如彼，但裁处其宜而为之，则何不利之有。君子只理会义，下一截利处更不理会。小人只理会下一截利，更不理会上一截义。”（《朱子语类》卷第二十七）《荀子·大略》：“义胜利者为治世，利克义者为乱世。”《春秋繁露·玉英》：“不能义者，利败之也。”所谓“胜利”即义战胜利。利战胜义不可谓之“胜利”。

无过无不及是以有一个衡量的标准为前提的，否则就谈不上过或不及。进一步的问题是，义的标准是根据什么确立的？义是根据什么判定的？

关于确立标准的根据，以往人们多结合“理”来讲。《礼记·丧服四制》：“理者，义也。”《吕氏春秋·士节》“当理不避其难”，高诱注：“理，义也。”《荀子·大略》：“义，理也。”《新书·道德说》：“义者，理也。”“理”“义”互训，体现了二者的一致性，但是，“理”“义”二者还是有区别的。程颐说：“顺理而行，是为义也。”（《河南程氏遗书》卷第十八）陈淳说：“理是在物当然之则，义是所以处此理者。”（《北溪字义》卷下）“所以处此理”即用以对待此理。理是法则、规律、标准，义是顺理而行。“顺理而行”即“所以处此理”。

程颐又说：“有物必有则，一物须有一理。”（《河南程氏遗书》卷第十八）任何事物的产生、变化都必须顺应一定的理，但是，并非任何事物的顺理而行都可以叫作义，只有对人说来的顺理而行才叫作义。孟子说：“义，人之正路也。”（《孟子·离娄上》）人之“正路”是由“对人说来的顺理而行”走出来的。人类在漫长的进化过程和社会生活发展过程中，顺应一定的理而生存、延续、演变，逐渐形成顺应一定的理的生理结构、心理结构、社会结构、文化结构等等，逐渐形成一定的对人说来的顺理而行的尺度。这些尺度在人的千万次实践重复中，一方面内化到个体的生理结构、心理结构中，如孟子所说人有仁义礼智的“四端”（《孟子·公孙丑上》），另一方面又以规则、规范的形式，存在于群体的社会结构、文化结构中，如“约我以礼”（9.11）、“齐之以礼”（2.3）中的“礼”，成为人评价事情好坏和规范行动合宜的标准。比如，风调雨顺有其所顺之理，各种灾害也有其所顺之理，否则，我们就无法研究灾害产生的原因进而减灾防灾，但是，风调雨顺是对人说来的顺理而行，各种灾害不是对人说来的顺理而行，所以我们喜欢风调雨顺，厌恶各种灾害。再比如，健康有其所顺之理，疾病也有其所顺之理，所以我们才能分析疾病产生的原因进而防病治病，但是，健康是对人说来的顺理而行，疾病不是对人说来的顺理而行，所以我们希望健康，医治疾病。如果我们把健康理解为系统各方面的机能对人说来都无过无不及，把疾病理解为系统某些方面的机能对人说来或过或不及，那么，可以广义地说，人的生活的各个方面，诸如个体的生理和心理、社会的制度和治理以及生态环境等等，都有力求“健康”、医治“疾病”的问题。结合程颢所说“谓之恶者非本恶，但或过或不及便如此”（《河南程氏遗书》卷第二上），可以说，义是人根据对人说来的顺理而行的尺度向善去恶的行动。

所谓“对人说来的顺理而行”中的“人”，既指个体，也指整个人类，以及介于个体和整个人类之间由各种不同的原因形成的各种不同性质的群体。所以，对人说来的顺理而行也就有了不同的范围，比如，个体的顺理而行、整个人类的顺理而行、由各种不同的原因形成的各种不同性质的群体的顺理而行等等，由此而生成不同范围的义。无论个体还是群体，其生活内容都是多方面的，比如，物质生活、精神生活、政治生活等等，物质生活、精神生活和政治生活又都包含很多内容。所以，对人说来的顺理而行也就有了不同的方面，比如，物质生活各种内容的顺理而行，精神生活各种内容的顺理而行，政治生活各种内容的顺理而行等等，由此而生成不同方面的义。不同范围的顺理而行之间、不同方面的顺理而行之间，并不都是相容的，所以才常有不可得兼、不能两全等等感叹。如果不同范围的顺理而行之间、不同方面的顺理而行之间都相容的话，那么个体生活的很多问题、群体社会的很多问题就不难解决了。由于人的认识能力和实践能力的有限性，由于人的社会生活内容的复杂性，由于人的价值选择的多向性，人拿不出一个能整合兼有各种顺理而行的方案，并依照这个方案去实现整合兼有各种顺理而行的义。也就是说，人们所确定的义的标准以及依照其标准所实现的义都是有局限的。所以才无奈地说“因时制宜”“因地制宜”“因人制宜”“因事制宜”等等。“因X制宜”是不得已之举，其说法本身就表明，一方面，人只能致力于在某种相对确定的X下制义（宜），另一方面，其所制之义（宜）又只能限于所根据的X。由于避开了普遍性问题，所以，“因X制宜”在表现出其高明的同时，也带有很大的危险性，容易成为各种行为的说辞。

如果“因X制宜”是一个个孤立的事情，那么判定所“制”是否“宜”要相对容易些。我们在所根据的条件下如此这般地制宜，离开所根据的条件，就不如此这般地做了，否则就会不合宜。严重的问题是，“因X制宜”不是孤立的事情，而是与其他的事情联系在一起的，会对其他的事情产生或宜或否的影响。所以，虽然制宜是在一定的条件下进行的，但是，对是否合宜的判定却不能只限于所根据的条件。这就增加了判定所“制”是否“宜”的难度。比如，针对农作物病虫害，人们发明使用DDT，取得消灭病虫害的良好的效果，这是因事制宜。但是，DDT又造成严重的环境污染，所以，判定DDT的使用是否合宜，就不能只限于消灭病虫害之事。为了保护环境，禁止使用DDT，这也是因事制宜。但是，禁止使用DDT又使疟疾等由蚊蝇传播的疾病重新加重，所以，判定禁止使用DDT是否合宜，也不能只限于保护环境之事……如此等等。由于事物处在普遍的联系中，由于前事对后事的影响不能像用橡皮擦铅笔字那样擦掉，所以，判定“因X制宜”中的“宜”是否宜，非常困难。所以，对“因X制宜”要有敬畏，不可轻率而为，不可随意标榜。

就判定来说，义是难知的，但是，与义对立的不义却相对容易指出。正如健康难以判定，而疾病却可以感觉或诊断出来；幸福难以判定，而不幸却可以感觉和诉说。霍克海默认为，作为否定性的思想，批判理论断言，“恶是可以被指出的，首先是在社会的范畴，其次是在每个个人的范畴以及道德的范畴，但是善却是无法指出的”（萨尔沃·马斯泰罗内主编《当代欧洲政治思想》，社会科学文献出版社1998年版，第194页）。说“义”与此类似。人们致力于实现义，但是却又确定不了义，只能是在消除不义中行进。

就事情的状态来说，义的状态的特点是不被关注，被关注的总不是义的状态。王夫之说：“无心而往，安而忘之曰适。”（《思问录·内篇》）《庄子·达生》：“忘足，履之适也；忘要，带之适也。”如果鞋子大小合适，那么就无心于穿鞋子的脚；如果腰带松紧合适，那么就无心于系腰带的腰。只有鞋子大小不合适，才会时刻关注穿着鞋子的脚，才有改变鞋子现状的要求和行动；只有腰带松紧不合适，才会时刻关注系着腰带的腰，才有改变腰带现状的要求和行动。所以，就行动的过程来说，致力于义，其实就是要消除不义。如果没有不义需要消除，那么也就没必要有致力于义的行动了。这样，关于什么是义的问题，是否是义的问题，变成了怎么样义的问题；对义的追求，落实为指出并消除不义的活动。这类似于孔子所讲的“恶不仁者”（4.6）实现仁的路子。《郭店楚墓竹简·性自命出》：“唯恶不仁为近义。”

按程颢所说，恶是或过或不及，善是无过无不及，这样，在行动上，义总是面对着恶的。《礼记·经解》：“除去天地之害谓之义。”《淮南子·本经》：“义者，所以救失也。”《国语·晋语七》“德义之乐则未也”，韦昭注：“恶恶为义。”《管子·侈靡》“上义以禁暴”，尹知章注：“义者，所以除去不宜。”除害、救失、恶恶、除不宜，都是针对恶的行动。孟子说“羞恶之心，义之端也”，朱熹解释“羞恶之心”说：“羞，耻己之不善也；恶，憎人之不善也。”（《孟子集注》卷三）义的行动由耻己之不善、憎人之不善发端。因为耻己之不善，所以子路“人告之以有过，则喜”（《孟子·公孙丑上》）；因为憎人之不善，所以程颢言“古人教人，唯指其非”（《河南程氏遗书》卷第十一）。善无须告，是不需指。修身、做事，功夫全在救失、除不宜上，所以，“君子不贵兴道之士，而贵有耻之士也”（《大戴礼记·曾子制言上》）。

《郭店楚墓竹简·五行》说“简，义之方也”；“强，义之方”。《郭店楚墓竹简·六德》说“义，强而简”。所谓“简”即做事有所选择。相对于无过无不及来说，人的行为更容易或过或不及，所以说人是易犯过失的。帛书《二三子问》中讲“多事多患”，反过来说，少事少患。无论个体还是群体，有些事是必须做的，有些事是绝不可以做的，还有很多事是可以做但并非必须做的。必须做的事不能少，而可以做但并非必须做的事却可以少。所以，可以通过“简”来尽量减少因做非必要之事而发生过失，以利于实现必要之事的义。“强”是针对已经发生的或过或不及现象，要坚强有力地去纠正。所以，致力于义需要刚健。孔子说“见义不为，无勇也”（2.24）。“见义不为”就是看到或过或不及的事情，不去纠正。这是“无勇”。章学诚说：“世俗风尚，必有所偏……苟欲有所救挽，则必逆于时趋。”（《上钱辛楣宫詹书》）为救挽流弊而逆于时趋，是见义勇为。儒家所讲的勇是与义密切相关的。《左传·哀公十六年》讲“率义之谓勇”，《礼记·聘义》讲“有义之谓勇敢”，《孔子家语·好生》讲“立义以为勇”，都突出了一个义字。

我们可以再回想一下义（義）字所从之“我”。在前面说过，“我”可以理解为是自身与他物的合成体，表示自身与他物的平衡。如果我们把他物看作修身、做事过程中出现的、遇到的或过或不及的现象，那么，

“我”就是通过自身的努力，纠正或过或不及的现象。或者说，人是在纠正或过或不及的活动中成为“我”的。如果自身沉沦于或过或不及之中，体现不出救挽之力来，那就没有“我”。“我”不是某种既成的状态，而是一个纠正或过或不及的活动过程。程颐说：“与学者语，正如扶醉人，东边扶起却倒向西边，西边扶起却倒向东边，终不能得它卓立中途。”（《河南程氏遗书》卷第十八）修身、做事有如“与学者语”，总难以“卓立中途”，所以孔子才感叹“不得中行而与之”（13.21）。修身、做事就是在“扶醉人”的过程中延续，这也是“我”的延续，是过程之“义”的持续。

“绝望之为虚妄，正与希望相同。”（《鲁迅全集》第二卷，人民文学出版社 1981 年版，第 178 页。）

（四）成于乐，游于艺

通过“克己复礼”，人的言行可以符合礼的规范，做到合情合理，从而立身于世。但是，礼作为外在规范，与人的内在情感还是可能会处于相互对立的状态，使人感到受束缚，不自由。要消除这种束缚，还需要在“止乎礼义”的基础上，进一步使外在规范内化，使情理合一。为此，孔子提出“成于乐”。

孔子说：“兴于诗，立于礼，成于乐。”（8.8）

“兴于诗”是说“修身先当学诗”（《论语集解》引包咸注）。兴是起的意思。《尚书·尧典》说：“诗言志，歌永言，声依永，律和声。”《礼记·乐记》说：“诗言其志也，歌咏其声也，舞动其容也，三者本于心。”《毛诗序》说：“诗者，志之所之也。在心为志，发言为诗。情动于中而形于言，言之不足，故嗟叹之，嗟叹之不足，故永歌之，永歌之不足，不知手之舞之、足之蹈之也。”诗歌、歌舞源自人们在生活中所兴发的情感，是人们表达情感、交流情感的产物。在长期的生活历史中，古诗歌的数量应该是很多的，在后来的传播过程中，那些经典诗歌得以长期流传下来，经过整理订正而成书为《诗》。孔子说“诗无隐志，乐无隐情，文无隐意”（《上海博物馆藏战国楚竹书·孔子诗论》），认为《诗》所收存的三百五篇诗，可以用一句话概括，就是“思无邪”（2.2）。“思无邪”这句话出自《诗·鲁颂》。思是发语词，没有实际的意义。邪是曲、伪的意思，无邪指没有迂曲虚伪。在孔子看来，好的诗歌是人的情感心意的直接表达，无须迂曲，更不容虚饰。《诗》之三百五篇能在大量的诗歌中积淀流传下来可能有很多原因，其中一个重要原因就是由于这些诗歌“无邪”，直接抒发情意。孔子主张人生修养要建立在真实情感的基础上，因而，很重视通过学诗兴发人的真实情感。

除了兴发人的真实情感，学诗还可以增长人的才学。孔子说“不学诗，无以言”（16.13）。不学诗难以很好地表达意愿，通过学诗可以提高人表达意愿的能力。春秋时期人们谈话时经常引诗答对，“诸侯卿大夫交接邻国，以微言相感，当揖让之时，必称诗以谕其志，盖以别贤不肖而观盛衰焉”（《汉书·艺文志》）。在《左传》中记载有很多这样的谈话形式，可见诗在当时人们言谈中的重要作用。在《孟子》《荀子》《礼记》等书中也有大量以诗证言的情况。先秦典籍被当时人们引用最多的就是《诗》。孔子还说：“小子何莫学夫诗？诗，可以兴，可以观，可以群，可以怨。迩之事父，远之事君。多识于鸟兽草木之名。”（17.9）学诗可以兴发情感、观察政俗、协和交往、讥刺时弊，可以学到事父事君的知识，可以记很多鸟兽草木之名。孔门主张“博学”，学诗最能体现这一点。

如果说“兴于诗”重视“兴”和“博”的话，那么“立于礼”则强调“约”。“约”有约束的意思，也有简约的意思。无论“兴”还是“博”，都需要“约之以礼”（6.27）而使之中正。这方面的内容在前面讲“克己复礼”的那一部分中已经讨论过。

礼作为外在规范，其意义在于制约人的情感言行，使之合情合理，但是，既然是制约，就会使人觉得受束缚、不自由。之所以会觉得受束缚，是因为内在情感与外在规范之间存在着矛盾和冲突。所以，要缓解以至于消除束缚以求得尽量多的自由，也就要从内在情感与外在规范两方面着手。从规范方面讲，在维持社会一定秩序的前提下，尽量放宽对情感的约束，这样的约束才是合法的。另一方面，无论怎样放宽约束，在任何社会中都不能没有约束界限。所以，从个体方面讲，在争取合理的情感表达空间的同时，还需要尽量消除不适度的情感表达，这样的情感才是合理的。《礼记·文王世子》说："乐，所以修内也；礼，所以修外也。"《礼记·乐记》说："乐也者，动于内者也；礼也者，动于外者也。"修外、动于外指从外规范行为，修内、动于内指陶冶情感，消除规范所约束的那些东西。《国语·楚语上》说："教之乐，以疏其秽而镇其浮。"朱熹说，乐"可以养人之性情，而荡涤其邪秽，消融其渣滓"（《论语集注》卷四）。"邪秽""渣滓"正是外在规范约束的对象，通过乐的陶冶将其"荡涤""消融"之后，外在规范也就失去了约束的意义，个体也就能处在不受束缚的自由状态。《河南程氏遗书》中讲到："兴于诗、立于礼，自然见有着力处；至成于乐，自然见无所用力。"（卷一）"着力处"指着力控制情感的表达，使之处于合理的范围。"无所用力"指情感的表达既中规中矩又自然而然，无须着力控制。经过"成于乐"，外在的规范和约束，转化为内在的需求和满足，达到了情和理的交融统一。

所以，孔门既重视礼教，也重视乐教。《礼记·曲礼下》说："大夫无故不彻县，士无故不彻琴瑟。"彻，通“撤”。县（xuán），通“悬”，此指悬挂的乐器，如钟磬之类。可见对乐的重视。孔子进一步把乐教普及于平民百姓。《论语》中记载，孔子与子路、曾皙、冉有、公西华等弟子谈个人志向问题，当孔子与其他人对话时，曾皙在一旁鼓瑟，当问到曾皙时，曾皙鼓瑟的动作慢下来，最后用劲弹了一下，然后站起来回答孔子的提问（见11.26）。《韩诗外传》记载，有一次孔子鼓瑟，曾参和子贡在门外倾听，曾参能听出孔子鼓瑟时心理的变化，孔子称赞其“知音”（《韩诗外传》卷七）。由此可知曾氏父子都有一定的音乐修养水平。《说苑·建本》记载，曾参在瓜地锄草，不小心斩断瓜苗的根，曾皙气得一棍子把曾参打倒在地，过了一会儿，曾参急忙爬起来，退到屏后鼓琴而歌，让父亲听到歌声，知道没有把孩子打坏了。孔子知道这件事情后，责备曾参说，儿子惹父亲生气，父亲如果要用小棍子敲打，那就等着挨几下，如果要用大棍子狠揍，那就赶快逃走，否则，万一打得有个三长两短，岂不是陷父亲于罪恶。综合上述记载可知，虽然曾氏父子是从事稼圃的，但是同样重视乐的修养。上述记载还说明，兴于诗、立于礼、成于乐并不是截然分离的三个阶段，而是交错在一起的三个方面。像曾皙之暴怒，曾参之受杖，都还未能很好地以理约情，虽然他们已有一定的乐的修养，但是立于礼的功夫还不够。

《礼记·仲尼燕居》说礼是“所以制中”的，《礼记·乐记》说乐是“中和之纪”。只有能真正起到“制中”作用的规范才称之为“礼”，只有能真正起到“中和”作用的音乐才称之为“乐”。所以，立于礼、成于乐的前提是，礼的制定、乐的制作要“以义起”（《礼记·礼运》）。王阳明说：“制礼作乐，必具中和之德。”（《传习录·中》）在孔子看来，《韶》乐最能够起到中和的作用，其次，《武》乐也可以（见 3.25），至于当时流行于郑国一带的音乐，偏激过度，不仅无益反而有害于礼乐教化，所以主张“放郑声”（15.11）。孔子对郑声的评价是否恰当，另当别论，但是不同的乐会对人的心理产生不同的影响这一点是可以肯定的，所以，不同的价值目标自然会关注乐的不同的作用。

“成于乐”主要强调实现情理的交融统一，“游于艺”则是重视获得做事的自由。

孔子说：“依于仁，游于艺。”（7.6）

依是依归的意思，依于仁即以仁为归宿，类似志于仁。游是出入往来的意思。艺在这里主要指礼、乐、射、御、书、数等知识和技能，但是不限于这些内容。

艺的本意是种植，但是又含有准则、限度的意思，所以，只有按照一定的准限种植才称得上是艺。后来引申为技艺，也是指按一定的章法做事。王引之说：“有常法，有定制，则谓之有艺矣。”（《经义述闻》第十五）

比如，六艺（指礼、乐、射、御、书、数）中的射有白矢、参连、剡注、襄尺、井仪等内容；御有鸣和鸾、逐水曲、过君表、舞交衢、逐禽左等内容，皆各有讲究。这些内容都是为了训练从事实际活动的技能。段玉裁说："儒者之于礼、乐、射、御、书、数，犹农者之树艺也。"（《说文解字注》）其他活动也是同样道理。

王守仁说："艺者，义也，理之所宜者也。"（《传习录·下》）《礼记·礼运》说："义者艺之分。"分是尺度、标准的意思。王引之所谓"有常法、有定制"都是为了义（宜）这个标准。人们在长期的实践活动中积淀出适合于从事各种活动之宜（义）的经验，以常法、定制的形式规定下来，后人通过训练，将间接经验转化为自己的实际技能。无论学习什么技能都强调基本功的训练，就是这个道理。然而，常法、定制具有一定的概括性，难以穷尽各种具体境遇，所以，要实现各种活动之宜，除了熟练"规定动作"之外，还需要有应付各种具体境遇的功夫。所谓游于艺，既指对各种活动的常法、定制的反复实习，进而将外在的常法、定制内化为人的自然的活动；也指出入往来于各种不同的具体做事场景，积累直接经验，增益权衡调节、适应境遇的能力。所以，"学而时习之"（1.1）中的"时"也就不只是指"时常"，还包含"境遇"等内容，践行所学在出入具体境遇中延续。孔门非常重视"权"，但是"权"却无常法、无定制可教，所以子思说“圣人不以权教”（《孔丛子·杂训》）。“权”的功夫主要靠在经验积累中融贯形成。在前面讲过孔子说的“无适”“无莫”，“义之与比”（4.10），没有“权”的功夫，“义”就会落空；反过来，没有“义”的尺度，“权”就会导致乱。

《大学》讲“格物”，后儒有各种解释。程颐训“格”犹“穷”，训“物”犹“理”，说格物“犹曰穷其理而已也”（《河南程氏遗书》卷二十五）。朱熹训“格”为“至”，训“物”为“事”，说格物是“即物而穷其理”（《大学章句》），意欲通过后天经验尽知先天之理。王守仁训“格”为“正”，训“物”为“事”，说格物即正事，正事的根据是天赋的良知（见《大学问》）。而如果结合“依于仁，游于艺”来讲，可以说格物就是“游于艺”。

《说文解字》说：“格，木长貌。”树木枝条各自生长，形成诸多枝条交错汇集，这称之为“格”。枝条相交则难以规于一致，所以“格”有扞格不入的意思（见《集韵·陌韵》）。枝条交汇则相互交感，一枝动而众枝应，所以“格”有“感”的意思。《字汇·木部》说：“格，感通也。”模仿枝条交错而有木条或木板交错的“格子”，由于“格子”而有方正之形，所以“格”有“正”的意思。《方言》说：“格，正也。”方正则可作为衡量其他事物的参照，所以“格”有“度量”的意思。

《广韵·陌韵》说："格，度也，量也。"当一个语词具有多种含义时，有时在一个句子中也许很难确定是某一种含义，它可能是几个含义的综合，形成一个意义域。格物的"格"就是这种情况。综合"格"的多种含义来看，所谓格物，就是在事物扞格汇集、错综交感中，斟酌权衡，以求得中正的意思。

这样理解的格物也可以说是"理"物。"理"在这儿用作动词。理物即理出那个无过无不及的中正来。程颢说："天下善恶皆天理，谓之恶者非本恶，但或过或不及便如此。"（《河南程氏遗书》卷第二上）程颢的天理之说也是围绕无过无不及讲的，只是将动词之"理"变成名词之"理"，因此，也就将"怎么样理"的问题变成"什么是理"的问题了。朱熹的"即物穷理"就是从"知理"的角度讲的。朱熹说格物要"即凡天下之物，莫不因其已知之理而益穷之，以求至乎其极"，至于用力之久而一旦豁然贯通，就尽知一切理了。如果我们将朱熹这段话中的"理"理解为动词，将"知"变成"行"，那么，我们讲的格物也可以借用朱熹的说法，即"因其已行之理而益穷之"，至于用力之久而一旦豁然贯通，就具备了在各种情景中制中、调和的功夫。这就是"游于艺"的意义。王阳明说格物是为善去恶，以格物为行，这是其说之得。但是，善恶都是在行的过程中形成的，而阳明之说有所欠缺的正是行的功夫的训练，所以容易落于空疏。

在前面说过中庸是实现仁之魂，而中庸的实质就是操持无过无不及，也就是操持义。这样，就把依于仁（或志于仁）和游于艺联系起来了。依仁需要游艺的功夫，否则会虚；游艺要有依仁的境界，否则会隘。程颢讲“君子之学，莫若廓然而大公，物来而顺应”（《河南程氏文集》卷第二），依于仁才有“廓然而大公”的情怀，游于艺才有“物来而顺应”的能力。

如果说“成于乐”是通过“荡涤其邪秽，消融其渣滓”消除外在规范的约束对象进而消解外在规范的约束而实现情理的交融统一的话，那么，“游于艺”则是将外在的常法、定制内化为自然活动而获得做事的自由，实现个体的人化自然。能实现情理的交融统一和做事的自由，人生也就进入到“从心所欲不逾矩”的境界。

（五）从心所欲不逾矩

孔子说：“吾十有五而志于学，三十而立，四十而不惑，五十而知天命，六十而耳顺，七十而从心所欲不逾矩。”（2.4）这段话是孔子讲自己一生的修养的历程。

泛泛地说，学是每一个人生存不可少的活动，没必要讲志。所以，所谓志于学主要的并不是说学的形式甚至也不完全是所学内容，而是说学的目的，即为什么而学。在《论语》中讲到三个“志于”，即志于学、志于仁、志于道。在孔子学说那儿，这三个“志于”是一致的，志于学也就是要志于仁、志于道。孔子说“可与共学，未可与适道”（9.30），就是讲“志”的不同。

“立”指能立身于世。孔子说：“不学礼，无以立。”（16.13）所谓“学礼”并非只是知晓行为规范，更是要通过“克己复礼”（12.1），把自己的视、听、言、动纳入礼的规范中，这样才能立身于世。这叫“立于礼”（8.8）。孔子说“可与适道，未可与立”（9.30），就是讲是否有克己复礼的功夫。没有克己复礼的功夫，志于仁、志于道的“志”是空的。

关于“惑”，《论语》中有两处分辨：一处是“爱之欲其生，恶之欲其死。既欲其生，又欲其死，是惑也”（12.10）；另一处是“一朝之忿，忘其身，以及其亲，非惑与”（12.21）。这两处之“惑”的共同点是感情用事，不理智，所以，“不惑”也就是理智。《大学》说：“好而知其恶，恶而知其美者，天下鲜矣。”“好而知其恶，恶而知其美”就是理智地看问题，而不是感情用事。比如，孔子对管仲，既恶其不知礼，说管仲器小（见3.22）；又好其辅助齐桓公，九合诸侯，避免战争，使民受惠，说“如其仁，如其仁”来夸赞他（见14.16、14.17）。再比如，孔子并不太欣赏卫国大夫孔圉的为人，但还是很欣赏其“敏而好学，不耻下问”（5.15）的品质。要做到理智地看问题并不容易，所以说“天下鲜矣”。孔子说“知（智）者不惑”（9.29、

14.28)，又说“知（智）者乐水”（6.23），所以“不惑”又表现出处理问题的灵活性。《礼记·丧服四制》说“权者知（智）也”，张载说“不惑然后可与权”（黄式三《论语后案》）。权是智的关键。刻板地执着规范，难以避免盲目性。孔子说“可与立，未可与权”（9.30），就是区别是否能通权达变。孔子说楚国的令尹子文有“忠”之德，说齐国的陈文子有“清”之德，但是认为二人皆“未知（智）”（5.19），因为从二人处理问题的表现看不出有灵活性。《论语》中记载，樊迟问知（智）。孔子回答说：“务民之义，敬鬼神而远之，可谓知（智）矣。”（6.22）孔门对鬼神的态度是“敬而远之”，这是很理智的。像鲁国的臧文仲，长于占卜，时人或以为其智，而孔子说，臧文仲为占卜用的大龟建豪华居处，实在说不上智（见5.18）。“务民之义”就是致力于把民事处理得适宜。在孔子看来，致力于处理好民事，敬重却又疏远鬼神，才是智。所以，孔子说：“君子德行焉求福，故祭祀而寡也；仁义焉求吉，故卜筮而希也。”（《马王堆汉墓帛书·要》）

《大学》讲“致知在格物”，“物格而后知至”，这儿的“知”当读为“智”，意思是通过“格物”达到“智”。在前面说过，所谓格物，就是在事物扞格汇集、错综交感中，斟酌权衡，以求得中正。在“游于艺”的过程中，由实践经验生出生活智慧。孔子学说重点关注的是智，而不是知。智的重点在有智慧，知的重点在有知识。

中国古人把人力所不能主宰的事归于天或命。孟子讲“莫之为而为者，天也；莫之致而至者，命也”（《孟子·万章上》）；庄子讲“知不可奈何而安之若命”（《庄子·德充符》）；扬雄讲“命者，天之命也，非人为也，人为不为命”（《法言·问明》）。凡是通过人力所能改变的都不叫作命。在孔子那里，命也叫天命。孔子说“不知命，无以为君子”（20.3）；又说“小人不知天命”（16.8）。所谓“知天命”，不是说知道天命“如何”，而是说知道“怎样”对待天命。既然天命是人力所不能主宰的，因此也就没有必要去过多地关注，所以孔子“罕言”命（见 9.1）。在孔子以及儒家看来，个人可以努力做好自己所能主宰的事，但是对自己所不能主宰的事只能是顺从。《诗·大雅·文王》说“永言配命，自求多福”。个人可以通过努力而“自求多福”，但是，这是在“永言配命”的前提下的“自求多福”。《中庸》说“君子居易以俟命”。居易指居处于平安之地，即“自求多福”；俟命即听天由命，即“永言配命”。哪儿是平安之地呢？孟子说“仁，人之安宅也”（《孟子·离娄上》）。所以，俟命不是纯粹的等待，而是“修身以俟之”（《孟子·离娄上》），是伴随着“用其力于仁”的等待。对于“用其力于仁”来说，完全是由自己主宰的，不存在命的问题。《易传·象传》讲“君子以遏恶扬善，顺天休命”。结合程颢所说“谓之恶者非本恶，但或过或不及便如此”，所谓“遏恶扬善”就是纠正或过或不及，求得无过无不及，这正是“用其力于仁”的一个重要内容。“顺天休命”的“休”是安适的意思。对待天或命，如果能“修身以俟之”，那么也就不会为天或命而烦恼了，因此《易传·系辞上》讲“乐天知命故不忧”。孔子以及儒家文化对待天或命的态度是很理智的。要做到理智地对待天或命，需要具有生活智慧，所以孔子说“四十而不惑，五十而知天命”。

“耳顺”指容受所听到的各种信息。人通过眼、耳、鼻、舌、身这些感官进行视、听、嗅、味、触等感觉活动，获取外部信息。在这些感觉活动中，视、听最为重要，所谓聪明就是讲听力和视力。就视和听而言，目视具有一维性和主动性，耳听具有多维性和受动性。所谓一维指限于一个方向，多维则不受方向的限制。主动指主体可以自主选择，比如不想看的时候可以“闭目”；受动指不能自主选择，比如不想听的时候不能“闭耳”，只能通过非自然的方式“塞听”。由于这些差异，所以“耳顺”比“眼顺”要更难些。《文子·道德》中讲文子向老子问圣智，老子回答说：“闻而知之，圣也；见而知之，智也。”这儿的智和圣都是聪明睿智的意思，但是又有区别。“聖”字从“耳”，其初义指听觉官能的敏锐。仿照《文子》的话，可以说“耳顺，圣也；不惑，智也”。与“不惑”相比，“耳顺”包含了更多的人生感悟，包括“知天命”的境界。在“知天命”阶段能坦然对待天或命，到“耳顺”阶段则进而对褒贬毁誉淡然于心了。《淮南子·诠言训》说：“自信者，不可以诽誉迁也。”如果说“知天命”还包含着几分无奈的话，那么，“耳顺”体现出的则是自信。

在前面说过，孔子学说的中心问题是情和理的关系问题，如果转换成孔子的术语，可以等价地说是欲和矩的关系问题。就欲和矩两方面讲，欲体现个体意志，矩着重群体秩序。从个体出发，人都愿意从心所欲，想怎样就怎样。但是，由于不同个体的意志之间往往有不一致，如果个体都完全按自己的意志活动，就会导致个体之间的冲突，造成群体秩序的混乱，进而危及构成群体的个体的生存。因此，需要有矩来规范人们的欲，使个体不能完全从心所欲，以维护群体一定的秩序。不同时空的社会群体的矩可以不同，但是无论生活在什么时代什么地域什么群体的个体，都不能是只有欲没有矩。这样，就形成欲和矩的矛盾，一方面矩对欲形成限制，另一方面欲总想超出矩的限制。刘孝标《世说新语注》引《魏氏春秋》说：“阮籍常率意独驾，不由径路，车迹所穷，辄恸哭而反。”阮籍之哭即体现了欲与矩的矛盾。“率意”意味着“从欲”，“径路”表示“规矩”，“不由径路”的“率意”在群体中必然会遭遇“穷”的结局，最后只好“恸哭而返”了。阮籍之哭是“率意”与“径路”即欲和矩的矛盾之哭，是一种形而上之哭。

孔子一生所要解决的问题就是欲和矩的矛盾问题。孔子不是要通过摆脱矩的限制来实现从心所欲，而是通过欲和矩的统一，做到既从心所欲，又不逾越规矩。这需要一系列的修养功夫。从“十有五而志于学”到“三十而立”，孔子做到使自己的言行合乎规矩，以立身于世，但是还未能消解欲与矩的对立和紧张，处于一种不自由的生存状态。三十以后的修养主要就是消解这种对立和紧张。经过几十年的修养和磨炼，到七十，孔子最终把内在的欲与外在的矩统一起来，达到了“从心所欲不逾矩”的境界。他可以从心所欲，想做什么就做什么，想怎样做就怎样做，但是并不违反矩。矩内化为他的“自然”，对他失去了规范和限制的作用，从而进入一种似乎只有欲没有矩的自由状态。

当然，要实现“从心所欲不逾矩”，除了个体的修养，还有一个矩的规定的问题。如果“矩”对“欲”的控制力度过强，控制密度过大，使人动辄得咎，那么孔子是否还能实现“从心所欲不逾矩”？反之，如果控制力度相对较弱，控制密度相对较小，那么“欲”和“矩”的冲突也会相应减少。所以，从个体的角度讲，需要通过自身的修养尽量减少“欲”对“矩”的冲撞；

从社会的角度讲，则应该在维持群体基本秩序的前提下，尽可能地宽松“矩”对“欲”的限制。这涉及类似于以赛亚·伯林所说的“两种自由”的问题。撇开自由活动的限度的广狭宽严而说所有的自由都有限度，是无的放矢的胡搅蛮缠。

在前面曾提到孔子与子路、曾皙、冉有、公西华等弟子谈个人志向问题。子路说他的志向是，用三年时间把一个夹处在大国之间备受外患内忧的“千乘之国”治理得强起来。冉有说他的志向是，用三年时间把一个小国家治理得富起来。公西华说他的志向是，愿意学习做点礼乐方面的事。当问到曾皙时，曾皙说他的志向是，在暮春时节，换上春装，约上些青少年，到沂水中耍耍水，在舞雩台上吹吹风，然后唱着歌归来。孔子听后感叹地说，他的志向与曾点一样（见 11.26）。孔子说他的志向与曾点一样主要不是指所志之事，而是说志向的性质，即曾点志向中那种生活情趣的性质。子路、冉有、公西华要立志做一番利国利民的事业，都挺好，孔子也表示肯定，但是，如果不能把事业情趣化，那么就会减少做事的愉悦和自由。范仲淹说“先天下之忧而忧，后天下之乐而乐”，非常高尚，但是，只是讲结果处之乐，而忽视过程中之乐，境界稍逊。常见有运动员在领奖台上流出高兴的泪水，或对人说，平日的汗没白流、苦没白吃，也是忽视了平日之乐。孔子赞许曾点之志，正是要强调践行志向（志于仁、志于道、志于学）的平日过程之乐。朱熹在解释“吾与点也”时说：“曾点之学，盖有以见夫人欲尽处，天理流行，随处充满，无少欠缺。故其动静之际，从容如此。而其言志，则又不过即其所居之位，乐其日用之常，初无舍己为人之意。而其胸次悠然，直与天地万物上下同流，各得其所之妙，隐然自见于言外。视三子之规规于事为之末者，其气象不侔矣。”（《论语集注》）又说：“曾点所见，乃是大根大本”；“曾点见处，虽尧舜事业亦不过以此为之而已”；“三子是就事上理会，曾点是见得大意”；“曾点见处极高，只是功夫疏略”。（《朱子语类》卷第四十）朱熹的解释影响很大，但是他把论曾点之志转移为论曾点之人，加之其天理、人欲之论，所以多受后人诟病。其实，朱熹关于这个命题的有些说法还是有道理的，不能简单地全然否定。比如，朱熹讲“乐其日用之常”，讲“三子是就事上理会”等等，都挺有道理。

孔子说：“知之者不如好之者，好之者不如乐之者。”（6.20）这儿所谓“不如”是就在“知之”“好之”“乐之”这三种行为中，人与“之”的关系来说的。“知之”自不必说，即使“好之”，其重点也还是在“之”这个客体上，而“乐之”的重点则转到主体，成为一种人生的存在方式。如果将“之”这个代词代入志于学的内容，那么可以说，孔子所实现的是“乐之”式的志于学，在其从“十有五而志于学”到“七十而从心所欲不逾矩”的过程中，都伴随着乐。比如，孔子说“学而时习之，不亦说乎”（1.1）；孔子说自己“发愤忘食，乐以忘忧，不知老之将至”（7.19）等等。孔子以志为趣，无暇顾及诸如饮食粗疏、心情烦恼、年纪老迈这些事儿，一直乐此不疲地行走在实现其志的路上。

所以，孔子说：“饭疏食饮水，曲肱而枕之，乐亦在其中矣。”（7.16）在“饭疏食饮水，曲肱而枕之”之中有乐，但并不是乐“饭疏食饮水，曲肱而枕之”，而是“乐得其志”（《说苑·说丛》）。孔子又说：“贤哉，回也！一箪食，一瓢饮，在陋巷，人不堪其忧，回也不改其乐。贤哉，回也！”（6.11）后来宋儒把上面两段话合在一起讲“孔颜之乐”。假如说“孔颜之乐”是由于外部原因——比如占有相对较多的财富或者获得相对较高的权位——所导致的，那么，当导致其乐的外部原因不存在时，其乐便会随之丧失。如果其乐是由于自身原因——比如志于仁——所产生的，那么，其乐就不会因为外部原因的变化而改变，所以说“不改其乐”。孔子和颜回皆因其志而乐，所以，“不戚戚于贫贱，不汲汲于富贵”（陶渊明《五柳先生传》），不因财富多少、地位高低而改其乐。

孔子说“君子不忧”（12.4），又说“德之不修，学之不讲，闻义不能徙，不善不能改，是吾忧也”（7.3）。

这儿的两个“忧”字的含义是不同的。“君子不忧”是说君子没有患得患失的烦恼，“是吾忧也”是指对自身修养的关切。孔子还讲过“君子忧道不忧贫”（15.32），前面的“忧”是关切，后面的“忧”是烦恼。《韩诗外传》中载，孔子说：“君子有三忧。弗知，可无忧与？知而不学，可无忧与？学而不行，可无忧与？”（《韩诗外传》卷一）这段话中的“忧”指关切。《说苑·杂言》中讲子路问孔子：“君子亦有忧乎？”孔子回答说：“无也。君子之修其行未得，则乐其意；既已得，又乐其治。是以有终身之乐，无一日之忧。小人则不然，其未之得则忧不得，既已得之又恐失之。是以有终身之忧，无一日之乐也。”这段话中的“忧”指烦恼。

与烦恼之“忧”相对的是乐；与关切之“忧”相关的是志。由于没有患得患失的烦恼，所以君子有终身之乐；由于仁以为己任，任重道远，所以君子又有终身之关切，死而后已。所以，“从心所欲不逾矩”并非君子修行的终止。君子“学而不已，阖棺乃止”（《韩诗外传》卷八）；“俛焉日有孳孳，毙而后已”（《礼记·表记》）。

二　志于道

（一）人能弘道

孔子讲志于学，就致力于个人德行的提升讲，志于学也就是要志于仁；就致力于系统整体的和谐讲，志于学也就是要志于道。仁和道是孔门的两个理想境界。

“道”是中国思想史中非常重要的一个范畴，各家各派都常使用，虽然诸家在使用时含义不尽相同，在不同的语境中含义也时有变化，但还是会有相通之处。

“道”字在金文中写法多样，基本的形式是从“行”从“首”。在古文字中有时把道写成“衟”或“衜”。“行”象十字路，“首”表示人，所以，“道”字象人在十字路口之状。当一个人处于十字路口时，他可以对应十字路的四个方向。如果进一步扩展的话，那么则有如《庄子·齐物论》中所言“得其环中，以应无穷”。所谓“环中”即圆心。处在圆心的位置，与圆周上的任何一个点都有对应关系，是全对应，所以说“以应无穷”。由于具有这样一种“全”对应的象征，“道”这个符号便有了“全”的意思。比如，《庄子·天道》说道“于大不终，于小不遗，故万物备”，《韩非子·解老》说道“尽稽万物之理”，《鹖冠子·环流》说“无不备之谓道”等等，其中之“道”都有“全”的意思，只不过各自“全”的内容有所不同（参阅拙著《老子解读》）。在一些语境中，孔门所言之“道”也有“全”的意思。

《中庸》说：“天命之谓性，率性之谓道，修道之谓教。”任何有限事物的产生都有其先在条件，《中庸》将事物得以产生的先在的条件谓之“天”，由先在的条件产生事物谓之“命”。朱熹说：“物所受为性，天所赋为命。”（《周易本义·乾》）事物由天命而有其本然之性，事物按其本然之性生存谓之“率性”。“天命”“率性”都并非只就人而言，万物之性都是天命，万物按其本然之性而生存都是率性，所以说“道者，群物之道”（《郭店楚墓竹简·性自命出》）。裴頠说：“总混群本，宗极之道也。”（《崇有论》）“群本”也就是“群物”，“总混群本”即群物及其率性的错综缠绵，这也就是“宗极之道”。天命之性、率性之行是多种多样、千差万别的，因此——从人的角度来看——群物之率性并不总是协调的。按照道家学说，所谓“不协调”会在群物的错综缠绵中被调和，比如，没有人为干预的生物链现象就是在诸多物种的错综纠缠中平衡物种间的数量。所以，《老子》主张“道法自然”（《老子》第二十五章）。从儒家学说来看，则认为对人说来的群物之率性的不协调需要经过人对群物之率性进行权衡品节来修正，这样，群物之率性对人说来才得以适度，群物之整体对人说来才能是和谐的。对群物之率性进行权衡品节谓之“修道”。只有在讲到“修道”时，才是只就人而言。

群物之整体的和谐可以称之为“全和”（也可以称“太和”）。就“全和”来说，道家也讲“和”，但是比较偏重“全”的问题；儒家也讲“全”，但是更重视对人说来的“和”的问题。所以，孔门所讲的“道”虽然也是指“全”，但是，不是完全与人为无关的“自然”之“道”，而是在人的活动中实现的对人说来的“全和”之“道”。《庄子·天下》说：“选则不遍，教则不至，道则无遗者矣。”由于有人的“选”“教”的活动，儒家之“道”相对于道家之“道”来说有所“遗”，但是，仍然是一个“全”。打比方来说，在一个场所中有许多人和物，在道家那儿，认为场所中的全部的人和物可以形成很多可能的排列，而在儒家这儿，则要确定一种其所认为的最合适的排列，就二者所排列的都是那个场所中的全部的人和物而言，都是那个“全”。儒家所“遗”的是对其选择之外的全部可能的敞开。

孔子志于道也就是要致力于那种对人说来的整体的和谐。通过人的活动实现对人说来的整体的和谐，叫作“人能弘道”（15.29），是“赞天地之化育”（《中庸》)。人的活动使整体对人说来越来越和谐叫作“有道”,人的活动使整体对人说来越来越不和谐叫作“无道”。儒家之“道”是在人的有谋划的活动中生成的。

《吕氏春秋·本生》说:“始生之者天也,养成之者人也。”儒家讲天人合一主要不是讲天人一体相通的存在状态。就存在状态讲,“天人无间”,“天人本无二,不必言合”(《河南程氏遗书》卷第二上、卷第六)。其实,就存在状态而言,对于任何生物体X来说,都是天X合一。儒家讲天人合一主要是从天人彼此的功能强调人的尺度的天生人成。人的尺度的天生人成是天与人的相互符合。《易传·文言》讲“先天而天弗违,后天而奉天时”。“后天而奉天时”指天在人先,人在天“后”,人遵照在先的天时而行,这是人符合天。“先天而天弗违”指天在人后,人在天“先”,天不违反人的规划,这是天符合人。在这两种符合中,“人”是一个,“天”则是两个。“天弗违”中的“天”不同于“奉天时”中的“天”,而是人化的“天”。“后天而奉天时”体现着天生,“先天而天弗违”体现着人成,在“奉天时”和“天弗违”的操持中实现人与天的协调。如果把这两句话的顺序换一下,变成“后天而奉天时,先天而天弗违”,更能体现以一个“人”对应相合两个“天”的意思。王夫之说:“善言天者,言人之天也。”(《尚书引义》卷四)

从人与事物打交道来看，各种事情都是以系统的方式存在的。所谓致力于整体的和谐是使组成系统的各个部分、各个方面适度地配合，而不是使各个部分、各个方面的功能、价值、利益等等都最大化地实现。董仲舒说“去其群泰，取其众和”（《春秋繁露·循天之道》），在这儿，泰是过分的意思，只有去除各种过分的现象，才能使得整体和谐。比如，经济活动与生态环境、个体自由与群体秩序、物质生活与精神生活、局部利益与整体利益等等，都需要根据具体情况权衡，对症下药，随时补救，无论对哪个方面都不能抽象地孤立地强调其具有高于一切、压倒一切的价值。

一个系统往往包含不同层次的子系统，这些子系统就其自身讲，也可以说是一个“全”，但是相对于更高层次的系统以及其他的子系统讲，它又只是一“偏”，因此，孔门所讲的“全和”也就有了层次性。不同层次的“全”都有其“和”的问题。比如，《大学》所讲的齐家、治国、平天下等等，就是致力于不同层次的“和”。《论语》中经常讲邦有道、邦无道、天下有道、天下无道等等，也表现出“和”的层次性。孔门以“天下”为与人的活动相关的最高层次的“全”，所以，志于道的最高目标就是致力于天下有道。天下有道也可以说是“大道”。孔子说，他对大道之行“有志焉”（《礼记·礼运》）。孔子所言“志于道”之“道”，主要指这

“大道”。

《礼记·礼运》中讲“大道之行也，天下为公”，这儿的“公”是人的尺度的公，不是与人的尺度无关的公。《吕氏春秋·贵公》说：“荆人有遗弓者，而不肯索，曰：‘荆人遗之，荆人得之，又何索焉。’孔子闻之，曰：‘去其荆而可矣。’老聃闻之，曰：‘去其人而可矣。’”这段话区别了儒、道之“公”。儒、道之“道”也可以做类似的区别。

在前面说了，仁和道是孔门的两个理想境界。作为理想状态的仁是难以充分实现的，同样，作为理想状态的道也是难以充分实现的，所以，孔子感慨地说：“朝闻道，夕死可矣。”（4.8）但是，正如致力于仁一样，致力于道也是要把能否实现与是否追求区分开。所以，孔子一方面感慨闻“道”之难——其实也就是认为整体的和谐难以充分实现，另一方面又讲要“志于道，据于德”（7.6）。在此，与道相对，德是整体的某一方面。朱熹说：“德只是做这一件事底意思，据而勿失。”（《朱子语类》卷第三十四）据于德就是要以实现整体的和谐为目标来调整自己的言行，在一个个具体的方面致力于道的实现。这叫作“就有道而正焉”（1.14）。比如，孔子说：“君子和而不流，强哉矫！”（《中庸》）“矫”即“矫其偏以就中”（司马光语）。章学诚说：“世俗风尚，必有所偏，达人显贵之所主持，聪明才俊之所奔赴，其中流弊必不在小……苟欲有所救挽，则必逆于时趋。”（《上钱辛楣宫詹书》）各种时趋往往会导致偏倾，如果顺于时趋，那就是同流；如果能逆于时趋，那就会起一种矫偏就中的作用，就是和而不流。章学诚还说“所贵君子之学术，为能持世而救偏”（《文史通义·原学》）；“君子立言以救弊，归之中正而已矣”（《文史通义·说林》）。君子之言行都是为了救偏补弊，使存在状况归之中正。这也可以说是在“修己以安人”，“修己以安百姓”（14.42）。所谓“人能弘道”“赞天地之化育”，其实都是要救治系统对人说来的偏倾状态。如果系统状态对人说来没有偏倾，那么也就不需要人去弘道、去赞化育了。这样，据于德就体现为对各种偏差的纠正，这是志于道的下手处。

就致力于系统整体的和谐讲，志于学也就是要志于道，所以，孔门主张要尽量把学贯彻在实现道的活动中。子夏说：“仕而优则学，学而优则仕。”（19.13）这儿的“优”是宽余的意思，不是优良的意思，不是说“做官做好了便去学习，学习学好了便去做官”。宽余也不是指能力的宽余，所以也不能理解成“做官有余力便去学习，学习有余力便去做官”。“优”在这儿是指行动境域的宽余，比如有时机、有空间、有条件等等。仕通事，可以宽泛些看作是参与社会活动，不仅仅是指任职做官。就学讲，只要有时机就要尽量把所学扩展于社会活动；就仕讲，只要有机会就要尽力在社会活动中推行其所学。子路说“不仕无义”，“君子之仕也，行其义也”（18.7）。君子之事就是要实行义，义要在君子之事中实现。在这样的意义上，可以说每一个意欲为君子的人都可以在自己所处的位置为实现道出力。比如，逆于时趋以救偏补弊，就是每一个意欲为君子的人都能做到的事。

当然，任职做官可以有更多的条件参与调和整体的事，所以，“仕”更多的还是指任职做官。中国古代把治理国家政事叫调元、调和鼎鼐等等，将执掌大政、治理国家的人叫作调元手、调鼎手等等，说明任职做官在调和整体的过程中起重要作用。所以，孔子既有“‘孝乎惟孝，友于兄弟，施于有政。’是亦为政。奚其为为政”（2.21）的说法，也有“我待贾者也”（9.13）的期盼和“吾岂匏瓜也哉？焉能系而不食”（17.7）、“苟有用我者，期月而已可也，三年有成”（13.10）的感慨。

虽然作为理想状态的仁和道都是难以充分实现的，但是二者还是有所区别。实现仁只涉及个体，完全由个人所主宰，其所要求的条件只有一个，就是个体的努力。只要个体努力地实现仁，就能有成效，所以说“有能一日用其力于仁矣乎？我未见力不足者”（4.6），说“我欲仁，斯仁至矣”（7.30）。实现道则要涉及个体努力之外的其他方面。虽然说每一个人都可以在自己所处的位置为实现道出力，但是要有较多成效，并非只要个体努力就行，除了个体的努力外，还需要具备更多其他的条件，比如说，适当的际遇会更有利于施展志于道的抱负。对于个体的努力，孔子非常自信，认为自己“发愤忘食”（7.19），“为之不厌”（7.34），而对于际遇，孔子有时则会流露出无奈的心情。《说苑·杂言》中载，孔子对子路说“君子博学深谋，不遇时者众矣，岂独丘哉”；《论语》中也记载孔子感叹“莫我知也夫”（14.35）。孔子甚至有“欲居九夷”（9.14）、“道不行，乘桴浮于海”（5.7）的想法，说“用之则行，舍之则藏”（7.11），“天下有道则见，无道则隐”（8.13）。

所以，孔子对“隐居以求其志”（16.11）抱有几分认同，说“国无道，隐之可也”（《孔子家语·三恕》）。“隐居以求其志”的人大多是孔子所谓“恶不仁者”，这种人通过“不使不仁者加乎其身”（4.6）来实现为仁之志，这对世道也能起一定的救偏补弊之效，这也就是“行义以达其道”（16.11）。但是，孔子终究没有“隐”“藏”，而是以他自己的方式参与改变现存状况。比如，孔子努力从事教育，要求弟子做“君子儒”（6.13），要“学以致其道”（19.7），力图通过教化培养道德型君子群体，以救偏补弊。比如，《说苑·贵德》说，“孔子历七十二君，冀道之一行而得施其德，使民生于全育，烝庶安土，万物熙熙，各乐其终”；《韩诗外传》说，“孔子抱圣人之心，彷徨乎道德之域，逍遥乎无形之乡，倚天理，观人情，明终始，知得失。故兴仁义，厌势利，以持养之。于时，周室微，王道绝，诸侯力政，强劫弱，众暴寡，百姓靡安，莫之纪纲，礼仪废坏，人伦不理。于是孔子自东自西，自南自北，匍匐救之”（《韩诗外传》卷五）。比如，《史记·孔子世家》中说，“三百五篇孔子皆弦歌之，以求合《韶》《武》《雅》《颂》之音。礼乐自此可得而述，以备王道，成六艺”；《史记·儒林传》中说，“仲尼干七十余君无所遇……故因史记作《春秋》，以当王法”。这些都是孔子以自己的方式参与改变现存状况的表现。虽然“道之不行，已知之矣”(18.7)。

孔子说：“乱而治之，滞而起之，自吾志也。”（《孔子家语·本姓解》）乱则无秩序，所以要治之；滞则无活力，所以要起之。程颢说“却似扶醉汉，救得一边，倒了一边，只怕人执着一边”（《河南程氏外书》卷第十二）。世道似醉汉，乱而治之，滞而起之，都是在扶醉汉。孔子又说：“天下有道，丘不与易也。”（18.6）如果天下是和谐的状况，那也就没有参与改变其存在状况的必要了。反过来说，正是由于天下不是和谐的状况，所以才要参与改变其存在状况，致力于天下有道。孔子的这种既有使命感又夹杂无奈的心理状态对后来儒家之士参与政治的心理有很大的影响。

（二）正名

名实关系是先秦人们论说较多的问题之一，儒、墨、名、法、道诸家都从各自学说的角度论说名实问题。名指名称，实是名所指称的事物。不同的事物各有其特性，人们可以通过用不同的名称指称具有不同特性的事物，在名称与事物之间构建对应关系，从而能够在语言中讲述各种事物。因此，名的主要功能就是分辨事物。比如，荀子说“名定而实辨”（《荀子·正名》）；董仲舒说“名者，所以别物也”（《春秋繁露·天道施》）；《尹文子》说“名称者，别彼此而检虚实者也”（《尹文子·大道上》）。

名实之间的对应关系，可以是以名标示既有事物的差异，如《管子·心术下》说“凡物载名而来，圣人因而财（裁）之”；董仲舒说“万物载名而生，圣人因其象而命之”（《春秋繁露·天道施》）。事物都有自己的特性，因此也可以说都带着自己的“名”，命名者通过领会事物的“所载之名”将其标示出来，这就是“因而财（裁）之”或“因其象而命之”。这可以说是“名符其实”。名实之间的对应关系，也可以是以名规范不同的事情，如《管子·心术上》说“名者，圣人之所以纪万物也”；董仲舒说“名者，圣人所以真物也”（《春秋繁露·深察名号》）。“纪万物”即规范各种事情，“真物”即正物。这可以说是“实符其名”。孔门所讲的

“正名”主要是指后者，而且其“名”更多地指名分。

孔子非常重视确定名分的重要性。《庄子·天下》说“《春秋》以道名分”，孔子编写《春秋》的一个重要作用就是“正名”。《论语》中记载，子路问孔子，假如卫国国君要留住您处理政事，那么您将先做什么呢？孔子回答说，那一定是要确定名分了！然后孔子进一步说明了确定名分在治理社会中的重要作用。他说：“名不正，则言不顺；言不顺，则事不成；事不成，则礼乐不兴；礼乐不兴，则刑罚不中；刑罚不中，则民无所措手足。故君子名之必，可言也；言之必，可行也。君子于其言，无所苟而已矣。”（13.3）孔子认为：如果不能确定名分，那么政令就会不条理；政令不条理，那么各个职位的责权也就不明确；各个职位的责权不明确，那么礼乐教化也就难以进行；礼乐教化难以进行，那么刑罚也难以恰当；刑罚难以恰当，那么老百姓就不知该怎样行动。所以，只有名分明确，才能使政令条理；政令条理，老百姓才能按政令行动。所以，制定政令一定要严肃，不能马虎。《礼记·大传》说：“名者，人治之大者也，可无慎乎？”

从逻辑学的角度讲，正名就是界说概念，但是孔子的正名绝不是简单地界说概念，而是要通过确定名分来明确不同的人的义务和权利，以使人们按照自己所处位置的要求来行动，在自己的行动中实现所处位置的要求，即实（行）正于名，也就是实符其名。比如说，当齐景公问孔子该怎样治理社会时，孔子说“君君，臣臣，父父，子子”（12.11），即治理社会就是使君、臣、父、子等等各种不同身份的人按照各自所处位置的要求去做，符合各自的“名”。如果抽去君、臣、父、子等等具体内容的话，那么，孔子的表述可以抽象为“xX”的实符其名的形式，前面的 x 表示实，后面的 X 表示名。只有人们都各守其分位、各司其职事，社会才能有秩序。当然，这样做的前提是名分的规定要适宜，也就是要合义。只有合义的名才是“正”的，才具有要求实符其名的合理性和可行性。董仲舒说“正名以名义”（《春秋繁露·天道施》），正名首要的问题就是讲求一个义。

《左传·庄公十八年》中讲“名位不同，礼亦异数”。《礼记·哀公问》中讲“非礼无以辨君臣上下长幼之位也，非礼无以别男女父子兄弟之亲、昏姻疏数之交也”。由于名和礼都具有辨别同异的作用，所以，人们经常将二者联系起来看。荀子说，名的作用是“上以明贵贱，下以辨同异”（《荀子·正名》）；《礼记·曲礼上》说，礼的作用是“定亲疏，决嫌疑，别同异，明是非”。由于名和礼在分辨上下长幼亲疏贵贱上是一致的，所以，后世将儒家以正名定分为主的礼仪教化称之为名教，也称之为礼教。

因此，名的规定的适宜表现为礼的制定的适宜。《左传·桓公二年》说："名以制义，义以出礼。"《礼记·礼器》说："先王之制礼也，不可多也，不可寡也，唯其称也。""称"就是合适。如果礼的制定适宜的话，那么，每个个体都按自己的本分做事情，而所有个体就会合成一个和谐的整体。反之，则会昏乱犯错。孔子说："礼失则昏，名失则愆。"（《左传·哀公十六年》）比如，礼的制定包括职事的设置，如果职事的设置缺位、虚位、错位的话，那么将难以形成好的社会治理状况；如果职事的设置能够不缺位、不虚位、不错位，那么，人们在其位则谋其政，不在其位则不谋其政（见8.14），各司其职，各守其分，由此构成和谐整体。这就好比交响乐演奏，每个人都只按自己要演奏的那部分乐谱演奏，而所有的人的演奏则合成一首和谐的乐曲。这是儒家理想的社会政治局面。实现这样的局面，要有好的"乐谱""演奏者"以及"指挥"等等。由于在现实社会的"交响乐演奏"中这些条件难以齐备，所以这种理想也就难以如愿实现。但是，也不必因此而否定这种理想的价值。能不能如愿实现是一回事，要不要努力追求实现是另一回事。在追求不可能的过程中，改变着现存状况的偏失。

关于礼的内容，孔子认为，周朝的礼乐制度是在借鉴夏、商两代的得失，对其进行损益因革的基础上形成的，相对于夏、商两代而言，周朝的礼乐制度更为完备和合理，所以他更为赞同，说“周监于二代，郁郁乎文哉。吾从周”（3.14）。孔子总是极力地维护周礼，主张“非礼勿视，非礼勿听，非礼勿言，非礼勿动”（12.1），反对违反周礼的言行。按照礼的规定，天子祭祀完毕撤祭时要歌奏《雍》，鲁国孟孙氏、叔孙氏、季孙氏三家都是大夫，在撤祭时也歌奏《雍》，这是僭越礼制的行为。对此，孔子表示不满，说：“‘相维辟公，天子穆穆’，奚取于三家之堂？”（3.2）按照礼的规定，天子用八佾，诸侯用六佾，大夫用四佾，士用二佾。季氏是大夫，当用四佾却用了八佾，这是僭越礼制的行为。对此，孔子表示愤慨，说：“八佾舞于庭，是可忍也，孰不可忍也？”（3.1）按照礼的规定，只有国君才能当门立影壁，堂上置反坫，管仲是卿，却自建这些设置，孔子虽然对管仲辅助齐桓公九合诸侯，避免战争，使民受惠的事评价甚高（见14.16、14.17），但是，因其“不知礼”，所以仍然说管仲“器小”（3.22）。

名的规定、礼的制定不是抽象的，而是人们在具体的历史活动中进行的，因此其内容必然会受到一定的历史条件的制约，需要随着历史条件的变化而损益因革，以便起到“制中”的作用，所以说“礼，时为大”（《礼记·礼器》），即名的规定、礼的制定要因时制宜。比如，殷损益因革夏礼，周损益因革殷礼，周之后的继周者也损益因革周礼（见2.23），如此等等，其意图都是要因时制宜，体现出正名内容的时代性。但是，无论规则的内容怎样损益因革，不管什么时代，都有行动符合规则的要求，否则，人们的各种社会活动将难以进行，社会群体秩序将难以维系。所以，对于人们的社会活动来说，正名之举具有普遍性。比如，《管子》说“有名则治，无名则乱……名正则治，名倚则乱”（《管子·枢言》）；《吕氏春秋》说“正名审分是治之辔已……至治之务在于正名”（《吕氏春秋·审分览》）；董仲舒说“治国之端在正名”（《春秋繁露·玉英》）；萧公权说“正名者诚一切政治之必需条件也”（萧公权《中国政治思想史》，辽宁教育出版社1998年版，第55页）。至于在具体历史条件下的正名的内容，则不具有普遍性。

孔子在和子路讲“正名”问题时说，“名之必，可言也；言之必，可行也”（13.3）。“必”在这儿是“明确”的意思，不是“一定”的意思。《广韵·质韵》说：“必，审也，然也。”这可以理解为，只有名分明确，才能使政令条理；只有政令条理，人们才能按政令行动。也可以理解为，只有名称明确，才能避免疑惑，才能辨别似是而非的言行。孔子的“正名”也包括明确名称的内容。在人们的社会生活中，经常会发生或无意或有意地混淆名的情况。《吕氏春秋》说，“使人大惑者，必物之相似也”（《吕氏春秋·疑似》）。孟子说，孔子“恶似而非者”（《孟子·尽心下》）。比如，孔子说“乡原，德之贼也”（17.13），就是“恶似而非者”。

在《论语》中有许多对相似之名的辨析。比如：

《论语》中记载，有一次冉有在季氏那儿办事，回来得比平常晚，孔子问他为什么回来得晚了，冉有回答说“有政”，孔子说，你忙的那些叫“事”，不叫“政”（13.14）。因为在当时，只有诸侯的国事才叫“政”，大夫的家事只能叫“事”。当时季氏专权越礼，把自己的家事也叫作“政”，孔子因此而“正名”。

《论语》中记载，当子张问孔子怎样才能有名望时，孔子针对子张的性格对“达”与“闻”做了区别（见12.20）。按照孔子的区别，“达”是实至名归，无论做什么都真诚无伪，谨慎谦虚，“义之与比”（4.10），这样自然声誉远闻；“闻”是刻意于声誉，只做表面文章，表里不一，虽然名声在外却是徒有虚名。二者的相似之处在于都是指名望声誉，不同之处在于一者真诚，一者虚伪。朱熹说：“闻与达相似而不同，乃诚伪之所以分，学者不可不审也。”（《论语集注》卷六）

《论语》中记载，孔子说：“吾未见刚者。”或对曰：“申枨。”孔子说：“枨也欲，焉得刚？”（5.11）“刚”有刚直的意思，也有倔强的意思。孔子说“吾未见刚者”指的是刚直的人，而“对曰”的人则可能把“刚”理解为“倔强”。刚直和贪欲是对立的，而倔强则并不必然排斥贪欲，倔强的人也可能因为贪欲而不刚直。所以，当有人讲申枨是“刚”者时，孔子说申枨多贪欲，怎么能做到刚直呢？在这儿，孔子辨别了不同的“刚”。

在前面讲过，孔子说：“孰谓微生高直？或乞醯焉，乞诸邻而与之。”（5.24）直即不曲，既有率直、不掩饰的意思——这样的直是真；也有僵直、不变通的意思——这样的直是固。有人认为微生高即尾生高。传说尾生高很守信，与一女子相约于桥下，女子未来，他一直等候，以至于洪水到来都坚持不离开，最后抱着桥柱被水淹死。故事不见得真实，但是也许能反映出微生高的一些处事态度。所以，有的人认为微生高直。孔子则认为微生高不率直。孔子说，有人向微生高要点醋，微生高自己没有，便转而向邻居要了点转给借醋的人。在这儿，孔子辨别了不同的“直”。

孔子时常将名的辨析与区别“君子”“小人”联系起来，以示褒贬。比如：

孔子说：“君子周而不比，小人比而不周。”（2.14）“周”和“比”都有亲密、亲近的意思，在这里二者相对而言，其区别在于，“比”是因某种“圈子”而亲近，比如同乡（地域圈子）、同事（职业圈子）、同学（学业圈子）、同行（行业圈子）以及共同的利益、相同的信仰等等；“周”之亲近没有这些因素，而是建立在“义”的基础上。王引之说：“以义合者周也，以利合者比也。”（程树德《论语集释》，中华书局1990年版，第101页。）

孔子说：“君子泰而不骄，小人骄而不泰。”（13.26）“泰”和“骄”都有骄纵的意思，在这里，孔子对二者作了辨析，取它们的不同之处。“泰”有安舒、宽裕的意思，比如，临事从容镇定、神情如常叫泰然自若，对事情毫不在意叫泰然处之，而“骄”就没有这些意思。比较二者，在这里“泰”是一种自信从容的神态，“骄”是对他人的傲慢态度。

孔子说：“君子贞而不谅。”（15.37）“贞”和“谅”都有信的意思，但“贞”是信于正，兑现诺言以义为准，即“信近于义，言可复也”（1.13）。“谅”只是信于言，比如尾生高之信。这是信而不通。再比如，“言必信，行必果”是“谅”，所以孔子说浅陋固执（见13.20）；“言不必信，行不必果，惟义所在”是“贞”，所以孟子说是“大人”所为（见《孟子·离娄下》）。

孔子说：“君子和而不同，小人同而不和。”（13.23）“和”“同”在这儿都是说多个事物的合一，但是，“和”是具有不同性质的多个事物的适度配合，“同”则是具有相同性质的多个事物的叠加。“和”以多样为前提，“同”以一致为基础。“和”是“济其不及，以泄其过”（《左传·昭公二十年》）；“同”是“以水救水，以火救火”的“益多”（《庄子·人间世》）。

孔子说："君子矜而不争，群而不党。"（15.22）"矜"在这儿应该读"qín"，通"慬"，勇敢的意思。勇敢往往容易争，像孟子所说的北宫黝之勇是不受挫于人，孟施舍之勇是不畏惧人（见《孟子·公孙丑上》），这都是争的表现。儒家之勇以义为准则，而不是以争胜为目的，所以说"矜而不争"。过去人们多读矜为"jīn"，解释为端庄，这样便失去了辨析"矜"和"争"相似而又不同的意思。"群"和"党"都有与众人聚处的意思。朱熹解释"群"是"和以处众"（《论语集注》卷八）。"和以处众"的"和"也就是"和而不同"的"和"。"和以处众"即致力于群体之和。"党"又有阿比、阿私的意思。如果说"群"是"和以处众"，那么"党"可以说是同以处众。"君子和而不同"，所以君子"群而不党"。

（三）政者，正也

在前面讲过，孔门所讲的"道"是在人的活动中实现的对人说来的"全和"之"道"，孔子志于道也就是要致力于那种对人说来的整体的和谐。所谓"正名"就是通过规定名来形成整体的和谐的架构，但是，架构只是一种形式，要实现整体的和谐，需要有与名相符的实。如果不能实符其名，那么正名也就失去意义。

《论语》中记载，季康子问政于孔子，孔子说："政者，正也"（12.17）。《礼记》中也记载，鲁哀公问孔子，“何谓为政?”孔子回答说“政者，正也”(《礼记·哀公问》)。在孔子看来，治理社会最主要的就是个“正”的问题，其中包括“正名”，但是，更重要的是使人们的行动之实符合所正之名，即“正实(行)”。《管子》说：“政者，正也。正也者，所以正定万物之命也。是故圣人精德立中以生正，明正以治国。故正者，所以止过而逮不及也。过与不及也，皆非正也。”(《管子·法法》)“正定万物之命”即“正名”，“止过而逮不及”即根据所正之名纠正人们行动的“非正”。

孔子说：“道之以政，齐之以刑，民免而无耻；道之以德，齐之以礼，有耻且格。”(2.3)“道之以政，齐之以刑”和“道之以德，齐之以礼”的目的都是要使人们的行动之实符合所正之名，但是二者的方法不同。“道之以政，齐之以刑”是通过政令刑罚来使人们的行动符合规则。如果规则制定得适宜并且执行得公正，任何违反规则的情况都会受到相应的惩罚，那么大概也可以形成一种整体和谐的局面。但是，这种方法虽然可以起到使人们的行动符合规则的作用，却不见得能消解人们违反规则的心思，人们或许会因为惧怕惩罚而不敢违反规则，但是违反规则的心思还会存在，这就是“民免而无耻”。这样，一方面规则常常会受到挑战，另一方面行为主体也会觉得受束缚。“道之以德，齐之以礼”则是一方面要制定适宜的规则来规范人们的行为，即

“齐之以礼”，另一方面，又实施德义教化即“道之以德”使人们自觉地遵守规则，进而消解个体行为与规则的冲突，形成既有群体秩序又有个体自由的和谐局面。当然，这只是孔子的一个理想，并不是说在现实的治理社会的过程中只靠“道之以德，齐之以礼”就行。孔子并不完全否定“道之以政，齐之以刑”，所以有对子路讲“正名”问题时“刑罚不中”的说法。“正名”中包含着使刑罚恰当的内容。讲“道之以德，齐之以礼”的意义主要在于，要在这样的过程中不断强化人们对偏离规则的羞耻感，增强人们裁节自身行为的自觉性，自觉地遵守规则，即“有耻且格”。“格”在此即“正”的意思。“道之以政，齐之以刑”与“道之以德，齐之以礼”的差别主要体现在“无耻”与“有耻”上，而不在“免”与“格”上。“免”与“格”说明二者都能够实现使人们的行动之实符合所正之名的目的，只不过一个实行强迫的“正实（行）”，一个引导自觉的“正实（行）”。

孔子说：“克己复礼为仁。一日克己复礼，天下归仁焉。”（12.1）就个体而言，是“克己复礼”，就群体而言，是“齐之以礼”。某个个体的“克己复礼”是实现个体之仁，所以说“克己复礼为仁”；所有个体的“克己复礼”是实现“天下归仁”，所以说“一日克己复礼，天下归仁焉”。“天下归仁”即天下有道。孟子说：

"仁也者，人也；合而言之，道也。"（《孟子·尽心下》）所以，《大学》说"自天子以至于庶人，壹是皆以修身为本"。这样，"为政"就不再只是专业从政者的事，个体成员不再只是被动的接受管理者，而成为主动的参与管理者，所以孔子引用《书》云"孝乎惟孝，友于兄弟，施于有政"，说"是亦为政"（2.21）。

"道之以德，齐之以礼"期望所有的人都能"克己复礼"。按说所有的"克己复礼"都是每一个"己"与"礼"的关系，但是，按马克斯·韦伯之论，中国传统文化属于"楷模先知"型文化，在这种文化中，楷模的意义更为重要，所以，儒家非常重视居上者在"道之以德"过程中的表率作用。这样，便在"己"与"礼"的关系上附加上"下"与"上"的关系，"道之以德"的问题也就过渡到"为政以德"的问题，即对于在下者的德义引导要通过居上者以身作则来进行。孔子说："其身正，不令而行；其身不正，虽令不从。"（13.6）在"道之以德""为政以德"中所讲的"德"最主要的就是身正。身正与否的标准是能否"克己复礼"，能否使自己的言行符合所处位置的相应规则，即正于规则。所谓以身作则就是由居上者正于规则带动其他人遵守规则。只有居上者正于规则，才可能使在下者心悦诚服地遵守规则；如果居上者不守规则，那么即使以力强制，在下者仍然可能会设法不守规则，诸如上有政策，下有对策之类。所以，“道之以德”“为政以德”的关键在于居上者遵守规则，这样才能使人信服。

在前面曾讲到齐景公问孔子该怎样治理社会时，孔子说“君君，臣臣，父父，子子”（12.11），即治理社会就是使君、臣、父、子等等各种不同身份的人按照各自所处位置的要求去做。《管子·形势》中则讲“君不君，则臣不臣；父不父，则子不子”。这样的话，君君与臣臣、父父与子子之间就成为一种条件关系，即如果君不君，那么臣不臣；如果父不父，那么子不子。在现实中，虽然不能说居上者行为不正必然导致在下者行为不正，也不能以居上者行为不正作为在下者行为不正的充足理由，但至少可以说居上者行为之正与否对在下者行为之正与否有很大的影响。为了说服居上者身正而起榜样的作用，孔子强化了这种影响关系，说：“苟正其身矣，于从政乎何有？不能正其身，如正人何？”（13.13）

按孔子“其身正，不令而行”（13.6）、“苟正其身矣，于从政乎何有”（13.13）的说法，由“为政以德”可以过渡到“无为而治”。《管子》说：“圣人之治也，静身以待之，物至而名自治之……名正法备，则圣人无事。”（《管子·白心》）所谓“无为而治”并非什么事也不做，而是遵从规则行事。孔子说：“无为而治者，其舜也与？夫何为哉？恭己正南面而已矣。”（15.5）

“恭己”指恭谨以律己，即敬惧而又谨慎地按照自己所处位置的要求去做。这样，其他人以此为榜样，都按照自己所处位置的要求去做，各守其分位、各司其职事，社会由此得以治理。当然，还是前面讲过的，这样做的前提是名的规定要适宜，也就是要合乎义。只有合乎义的名才是“正”的，才具有要求人们实符其名的合理性和可行性。

道家讲“无为而治”，儒家也讲“无为而治”，但是由于两家对人的治理能力的认可度不同，所以其“无为而治”的含义也有区别。道家怀疑人为规划的法则优于自然的法则，认为“天下神器也，非可为者也”（《老子》第二十九章），“礼法度数，刑名比详，治之末也”（《庄子·天道》），所以其“无为而治”是一种“随自然之性而缘不得已之化”（《淮南子·本经训》）的自然之应，依从自然的法则行事。儒家对人的治理能力抱有一定的信心——虽然不是很充分的信心，认为“名者，人治之大者也”（《礼记·大传》），“礼所以整（正）民也”（《左传·庄公二十三年》），所以其“无为而治”是遵从人为规定的法则行事。道家和儒家“无为而治”的相同之处在于依从法则行事，相异之处在于所依从的法则，一为自然的，一为人为规定的。

（四）富之教之

《论语》中记载，“子适卫，冉有仆。子曰：‘庶矣哉！’冉有曰：‘既庶矣，又何加焉？’曰：‘富之。’曰：‘既富矣，又何加焉？’曰：‘教之。’”（13.9）“庶”在此指人口多，“富之”“教之”中的“之”就指这众多人口。在《说苑·建本》中记载的是子贡问为政，孔子说：“富之，既富乃教之也，此治国之本也。”“富之”“教之”是为政之本，而以“富之”为基础。“道之以政，齐之以刑”和“道之以德，齐之以礼”都属于“教之”的问题。

唯物史观认为，人们首先必须解决吃喝住穿的问题，然后才能从事其他活动，所以，直接的物质生活资料的生产，是一个社会的基础。只有生产能够满足人们物质需求的生活资料，才能消除人们物质生活资料的匮乏。但是，并非只要生产能够满足人们物质需求的生活资料，就能消除人们物质生活资料的匮乏。消除人们物质生活资料的匮乏，除了生产能够满足人们物质需求的生活资料之外，还需要合理地分配所生产的生活资料。就生产和分配来说，生产的问题是一个社会中最为基本和第一重要的问题，但是并非最难解决的问题，比生产的问题更难解决的是分配的问题。这被历史一再证明。龚自珍在讲到“平均”时说：“浮不足之数相去愈远，则亡愈速；去稍近，治亦稍速。千万载治乱兴亡之数直以是券矣。”（《平均篇》）“浮”是超过、多余的意思。“存亡之数”的“数”指规律。“券”是契合的意思。贫富差距越大，则政权败亡越快；贫富差距稍小，则社会较易治理。这就是千万载治乱兴亡的规律。时至今日，人类社会的难题仍然是分配问题。所以，在讲如何“富之”的时候，孔子更重视分配的问题，说“不患寡而患不均，不患贫而患不安”（16.1）。这不是说物质生活资料的生产问题不重要，而是说不太忧虑解决社会财富增长的问题，而更忧虑分配的不均以及由此导致的社会不安定的问题。

分配的不公平主要是由强势者所导致的。《礼记·檀弓下》载：孔子过泰山侧，有妇人哭于墓者而哀，夫子式而听之。使子路问之，曰：“子之哭也，壹似重有忧者。”而曰：“然，昔者吾舅死于虎，吾夫又死焉，今吾子又死焉。”夫子曰：“何为不去也？”曰：“无苛政。”夫子曰：“小子识之，苛政猛于虎也。”可以看出，孔子对居于强势地位者聚敛财富非常反感。所以，孔子要求居于强势地位者减少占有财富。《说苑·政理》记载，鲁哀公问政于孔子，孔子回答说：“政有使民富且寿。”哀公问：“何谓也？”孔子说：“薄赋敛则民富，无事则远罪，远罪则民寿。”《孔子家语·贤君》也记载孔子说“政之急者，莫大乎使民富且寿也”。减轻赋税使百姓增加财富，避免兵戎之事使百姓远离祸殃而增寿。这是为政当务之急。《左传·哀公十一年》记载，季孙想以田亩征赋，让冉求征求孔子的意见，孔子不愿意回答。冉求再三询问，孔子才私下对冉求说："君子之行也，度于礼，施取其厚，事举其中，敛从其薄。如是则以丘亦足矣。若不度于礼，而贪冒无厌，则虽以田赋，将又不足。"冉求没有听从孔子的话，帮着季氏聚敛财富，孔子气得对其他弟子说，冉求不再是我的弟子，你们要大张旗鼓地批判他（见 11.17）。

孔子在对冉求说的话中讲到"贪冒无厌"。如果不能遏止"贪冒无厌"，那么就难以实现"富之"。遏止"贪冒无厌"属于"教之"。

物质财富的丰富与否，与人的物质需求的满足相关，因此，可以把物质财富的丰富与否看作是物质需求与满足物质需求的东西的比值，人的需求好比是分母，满足需求的东西好比是分子，这个比值的值在从 0 到 1（包括 0 和 1）的区间内，当比值是 0 时，意味着人的任何需求都得不到满足，当比值是 1 时，意味着人的任何需求都能得到满足。不存在比值小于 0 的不满足，也不存在比值大于 1 的满足。在这个区间内，比值越大说明满足度越高，也可以说越富，比值越小说明满足度越低，也可以说越不富。作为比值，当分母一定时，分子越大分数的值越大，分子越小分数的值越小；反过来，当分子一定时，分母越小分数的值越大，分母越大分数的值越小。由于人总要有不可缩减的物质需求，而且这些需求还有个满足的质量的问题，所以，比值的分母也就不能无限地缩小。如果没有相应的物质生活资料来满足人的不可缩减的物质需求的量和质，那么人就不可能富，所以，要实现“富之”，必须设法生产足够的物质生活资料来满足这些需求。但是，如果没有需求而刺激需求，致使作为分母的人的物质欲求无限增长，那么，即使作为分子的物质财富增长得再多，也难以使人感到富。《韩诗外传》讲：“贪物而不知止者，虽有天下而不富矣。”（卷五）所以，实现“富之”除了解决“分子”的问题，还需要解决“分母”的问题。

嵇康说：“不虑而欲，性之动也；识而后感，智之用也。性动者，遇物而当，足则无余；智用者，从感而求，倦而无已。故世之所患，祸之所由，常在于智用，不在于性动。”（《答难养生论》）嵇康把人的需求分为“性之动”的需求和“智之用”的需求。“性之动”的需求是不可少的，需要有相应的生活资料使之得到满足，所以要通过增加“分子”来提高满足度。“智之用”的需求是在“识而后感”“从感而求”中不断产生的，以至于“倦而无已”，这单靠增加“分子”难以得到满足，所以需要结合限止“分母”的增长来提高满足度。孔子在谈到卫国的公子荆时说，公子荆善于居家过日子，刚有了一点财富，他就说“差不多够了”，再增加一点，又说“差不多齐备了”，更多一点时便说，“差不多可以说是富丽堂皇了”（见 13.8）。卫公子荆能较好地解决

“分母”增长的问题，所以，他常感到富裕。

陶渊明说：“人生归有道，衣食固其端。孰是都不营，而以求自安?”（《庚戌岁九月中于西田获早稻》）衣食的问题是人生的首要问题，所以说“人生归有道，衣食固其端”。“是”在这儿就指衣食，“营”就是料理，“孰是都不营，而以求自安”是说，谁能够连衣食问题都不解决，而使得自己的生活安宁呢?所以，治理社会的首要问题就是设法满足人们的衣食之需。但是，“一切财富倘使从生活方面着想就显见得各有限度”（亚里士多德《政治学》，吴寿彭译，商务印书馆 1965 年版，第 64 页），所以，陶渊明又说“营己良有极，过足非所钦”（《和郭主簿》）；说“倾身营一饱，少许便有余”（《饮酒》）；说“耕织称其用，过此奚所须”（《和刘柴桑》）。“营己良有极”指衣食之需是有限度的，“倾身营一饱”“耕织称其用”即满足此限度，“过足非所钦”即不钦羡超过限度的财富。这样，从“分子”和“分母”两方面入手，降低满足需求的“成本”，从而降低过好日子的“成本”，提高满足需求的“效率”，从而提高过好日子的“效率”。

马克思曾经把人的需求分为恒定的需求和相对的需求两种。恒定的需求“在所有情形下都存在，只是在不同的社会条件下它的形式和范围有所改变而已”。相对的需求“仅仅产生在特定的社会形态以及生产方式和交换方式之下”。对于恒定的需求，要通过“组织一种能满足全部正常需求的生产与交换方式”来满足。对于相对的需求，要“完全丧失它们存在的必要条件”，进而使这种需求被消除。（见戴维·麦克莱伦《马克思》，冯韵文、屠敏珠、何启谦译，昆仑出版社1999年版，第60页。）恒定需求的问题，从“分子”入手解决，相对需求的问题，需要从“分母”入手解决。

导致相对的需求的条件是多方面的，在孔子看来，其中一个重要原因就是“上好是物，下必有甚者”（《礼记·缁衣》）。所以，要减少以至消除“从感而求，倦而无已”的现象，还是要求居上者以身作则。当季康子苦于盗窃、劫掠难以治理而向孔子询问对策时，孔子回答说“苟子之不欲，虽赏之不窃”（12.18）。如果居上者没有贪欲之行，那么在下者也难以兴起贪欲之行。章学诚说：“世俗风尚，必有所偏，达人显贵之所主持，聪明才俊之所奔赴，其中流弊必不在小。”（《上钱辛楣宫詹书》）世间流弊多由达人显贵、聪明才俊所引起，所以“大人不倡流”（《郭店楚墓竹简·缁衣》）。“教之”要从达人显贵、聪明才俊开始。

“教之”是使人按规则行事并且增强人按规则行事的自觉性。在“富之”问题上，孔子特别强调按规则而富。孔子说：“富而可求也，虽执鞭之士，吾亦为之。如不可求，从吾所好。”（7.12）“可求”即按规则而求取。“执鞭之士”指地位低下的职位。如果求取合乎规则，那么即使地位低下的事，也可以去做。如果不能按规则求取，那么要“从吾所好”。孔子所好是“义”，“从吾所好”就是要“见得思义”（16.10）。所以，孔子又说：“不义而富且贵，于我如浮云。”（7.16）孔子还说：“富与贵，是人之所欲也，不以其道得之，不处也。贫与贱，是人之所恶也，不以其道得之，不去也。”（4.5）欲、恶都是人之情，情需要以理节制。礼是理的外化，所以说要“以礼节情”（《礼记·坊记》）。《礼记·丧服四制》说“理者，义也”。《礼记·表记》说“道者，义也”。所以，“以礼节情”等同于“以道制欲”（《礼记·乐记》）。“以礼节情”“以道制欲”就是“教之”。通过“教之”，情欲得以合乎义。脱贫、致富都要“以其道”，也就是要以义为尺度，即“义之与比”（4.10）。如果致富而不义，宁可不致富；如果脱贫而不义，宁可不脱贫。当然，我们还可以再反过来想，如果社会合义的话，那么是不应该有“贫”的；只要存在着“贫”，就说明社会有需要改变的不合义之处。这是需要另外讨论的问题。

孔子讲“富之”“教之”是就行动的实施而言，不是就行动的结果来说。所以，不能把孔子先讲“富之”后讲“教之”理解为先有了“富”的结果，然后再“教”，而应理解为，在实施使之富起来的行动上，还要加上使之受教化。在实际的实施行动的过程中，“富之”“教之”是编织在一起的，离开“教之”的“富之”往往陷入混乱，没有“富之”的“教之”容易流于空洞。世人多有以《管子·牧民》中所言“仓廪实则知礼节，衣食足则知荣辱”来解释孔子的“富之”“教之”之论，欠妥。

（五）取之有时，用之有节

在前面讲过，孔子志于道也就是要致力于那种对人说来的整体的和谐。对人说来的整体的和谐包括人与环境的和谐。

《易传·系辞下》讲天、地、人“三材之道”。《荀子·天论》讲：“天有其时，地有其财，人有其治，夫是之谓能参。”所谓“能参”即能与天地配合成三。《春秋繁露·天道施》讲：“天道施，地道化，人道义。”在儒家看来，人与环境的和谐，要通过人的适宜的活动来实现。取之有时，用之有节，就是要在人的活动中形成一种适宜的人与环境的物质、能量的交流。“取之有时”的“时”是“当其可”（《礼记·学记》）的意思，包括根据地域、时节取用以及适当的取用方法等等，即“因地制宜”“因时制宜”“因事制宜”等等。

《孔子家语》记载，孔子担任鲁国司空职务时，“别五土之性，而物各得其所生之宜，咸得厥所”（《孔子家语·相鲁》）。王肃解释“五土”为山林、川泽、丘陵、坟衍、原隰。“坟”是水边高地，不能自流灌溉；“衍”是水边低地，可以自流灌溉。“原隰”指广大平坦的低湿之地。“别五土之性，而物各得其所生之宜”，即考察各种地理环境，根据不同的地理环境从事相宜的生产活动。《文子·自然》讲：“水处者渔，林处者采，谷处者牧，陵处者田。”农、林、牧、渔，因地而异，因地而宜，就是“咸得厥所”。

《礼记·王制》：“凡居民材，必因天地寒暖燥湿。广谷大川异制，民生其间者异俗，刚柔、轻重、迟速异齐，五味异和，器械异制，衣服异宜。修其教，不易其俗；齐其政，不易其宜。”这段话中主要突出“异”“宜”二字。不同地域的居民有不同的适宜的生活方式，所谓靠山吃山，靠水吃水，一方水土养一方人。如果不顾生活方式的地域性差异，使不同地域的人的生活方式都趋于一致，变得齐同，那么必然会对生态、生产和生活造成损害。《礼记·礼器》：“礼也者，合于天时，设于地财，顺于鬼神，合于人心，理万物者也。是故天时有生也，地理有宜也，人官有能也，物曲有利也。故天不生，地不养，君子不以为礼，鬼神弗享也。居山以鱼鳖为礼，居泽以鹿豕为礼，君子谓之不知礼。”“居山以鱼鳖为礼，居泽以鹿豕为礼”即靠山吃水，靠水吃山，一方水土养万方人。礼是“理万物者”，所谓“不知礼”不仅仅是说不知以何物为礼，其所隐含的意思是，不知道怎样适当地处理生态、生产、生活之间的关系。

生产、生活不仅要因地制宜，还要因时制宜。《逸周书·大聚解》："禹之禁，春三月，山林不登斧，以成草木之长；夏三月，川泽不入网罟，以成鱼鳖之长。"《荀子·王制》："圣王之制也，草木荣华滋硕之时，则斧斤不入山林，不夭其生，不绝其长也；春耕、夏耘、秋收、冬藏，四者不失时，故五谷不绝，而百姓有余食也；污池渊沼川泽，谨其时禁，故鱼鳖优多而百姓有余用也；斩伐养长不失其时，故山林不童而百姓有余材也。"因时节而生产和取用物质生活资料，才能使动物植物很好地生长，才能使物质生活资料充足，也才能使人类得以延续。所以，儒家甚至把取用以时和孝、仁、恕等伦理道德问题结合起来讲。《礼记·祭义》引曾子说："树木以时伐焉，禽兽以时杀焉。夫子曰：'断一树，杀一兽，不以其时，非孝也。'"《孔子家语·弟子行》载，孔子说："启蛰不杀则顺人道，方长不折则恕仁也。"人道指为人之道。恕仁即推爱及物。断树杀兽，是人对外物的取用，而孝是人对父母祖先的敬爱之情，二者看似没有关系，其实关联非常紧密。因为子孙是祖先生命的延续，如果断树杀兽不以其时，那么就会破坏子孙的生存环境，那么就会使子孙无法生存，那么就等于让祖先的生命在子孙那儿终止，所以孔子说"断一树，杀一兽，不以其时，非孝也"。

《论语》载，“子钓而不纲，弋不射宿”（7.27）。纲是在大绳上系以小钩横在水流上来捕鱼，也有人认为纲（綱）是网（網）之误。弋是带丝绳的箭，在此用作动词。宿指还巢的鸟。射还巢的鸟会毁了一窝鸟。“钓而不纲，弋不射宿”不仅是在说孔子的这两种取物的方法，更是在体现孔子的取物态度，即取物有节。《吕氏春秋·具备》载，孔子弟子宓子贱治理亶父，三年后，巫马旗前往亶父看治理效果，看见有夜间捕鱼的人，把捕到的鱼又放了。巫马旗问：“为什么把捕到的鱼又放了呢？”捕鱼的人回答说：“宓子贱不愿意人们捕小鱼，我放掉的是小鱼。”对此，高诱注说：“古者鱼不尺不升于俎。宓子体圣人之化，为尽类也，故不欲人取小鱼。”“体圣人之化”即被孔子的行为感化。“尽类”即延续种类，不是把大鱼小鱼都一网打尽。

这样的取物态度在其他一些经典中也有记述。《管子·八观》：“江海虽广，池泽虽博，鱼鳖虽多，网罟必有正。”有正即有准则。古人对捕鱼之网有一定的限制，网眼不能过密。《诗·小雅·鱼罶》“鱼丽于罶”毛亨传：“庶人不数罟，罟必四寸，然后入泽梁。”《孟子·梁惠王上》“数罟不入洿池”赵岐注：“数罟，密网也。密细之网，所以捕小鱼鳖者也，故禁之不得用。鱼不满尺不得食。”这些规定为的是使鱼鳖等种类得以延续。《新书·礼》：“不合围，不掩群，不射宿，不涸泽……

取之有时，用之有节，则物蕃多。”合围即四面包围。掩群指尽取整群动物。《易经·比》九五爻辞中讲“王用三驱，失前禽”。“三驱”是说，狩猎时，从三面驱赶猎物，前开一面。或者说是三度驱赶猎物，当猎物都跑动起来再射，不暗射。“失”在此读 yì，奔逃的意思。“失前禽”是说，狩猎时，逆来向己者舍之，不逆射，顺去背己者射之，不中而奔走者也不追射，任其逃奔，所以说“失前禽”。《淮南子·主术训》中也讲，“先王之法，畋不掩群，不取麛夭。不涸泽而渔，不焚林而猎”。“孕育不得杀，𪃾卵不得探，鱼不长尺不得取，彘不期年不得食”。麛为鹿子。夭为麋子，也指初生的动物。麛夭泛指幼兽。待哺的幼鸟叫𪃾。这些规定为的是使禽兽种类得以延续。

取之有时的前提是用之有节。只有用之有节，才能取之有时。如果用之无节，那么就难以取之有时。结合上节讲的分子分母的比喻，可以说“取”对应分子讲，“用”对应分母讲。假设在群体中分配是公平的，那么，当“取”的能力不是很强的时候，“取”对“用”即形成限制，用之有节的意义不明显。随着“取”的能力的不断增强，用之有节的意义越来越重要，越需要通过节“用”来为“取”设立限度，即够了就行。《新书·道术》说“费弗过适谓之节”。够了就行即“费弗过适”。如果没有够了就行的限度而有了越来越强的“取”的能力，对人类来说，并非幸事。比如，今天的气候变化、生态危机、环境恶化等许多问题，都与人“取”的能力不断增强却用之无节有关。如果不改变越多越好的价值观念，那么可以预见，随着人们力图解决原有的环境问题，一定会带出新的环境问题，甚至会产生更多的更难解决的问题。所以，实现人与环境的和谐有赖于节简型的生活方式。这是“人类养生”的生活方式，是终“人类之天年”而不“中道夭”的生活方式。

三　志于学

（一）下学上达

志于仁、志于道，功夫都要落实在志于学上。

一般来讲，每个人在其一生中都有“学”的必要，所以，要人们重视“学”并不难，但是，“学”的目的和境界却会有所不同。孔子对子夏说：“女（汝）为君子儒，无为小人儒。”（6.13）对此，孔安国根据“君子学以致其道”（19.7）一语，说“君子为儒，将以明道；小人为儒，则矜其名”（《论语注疏》）；程颐根据“古之学者为己，今之学者为人”（14.24）一语，说“君子儒为己，小人儒为人”（《河南程氏经说》卷第六）；朱熹根据“君子上达，小人下达”（14.23）一语，说“君子儒上达，小人儒下达”（《朱子语类·卷第三十二》）。三人之说各有道理。儒家之“学”主要指力行志于仁、志于道的“学”，所以有“君子儒”与“小人儒”之别。“君子儒”之学的目的是“致其道”，“小人儒”之学的目的只是为了“成其事”；“君子儒”之学为的是充实学问、力成仁人，“小人儒”之学为的是炫耀学问、取得名利；“君子儒”之学的志向是“上达”于志仁、志道，“小人儒”之学趋于“下达”。“君子儒”与“小人儒”的区别主要不在于所学的内容，而在于不同的人生目的和人生境界。

通过“学”致力于实现仁、实现道，这叫作“下学而上达”（14.35）。孔子说：“君子上达，小人下达。”（14.23）君子力行达仁、力行达道，所以说“上达”；小人不力行达仁、不力行达道，因而向与达仁、达道相反的方向滑去，所以说“下达”。学如逆水行舟，不进则退，不努力“上达”的结果就是“下达”。由于力行的方向不同，导致人生境界的不同。宦懋庸说：“人无生而为君子者，亦无生而为小人者，譬之一路，行而上为君子，行而下为小人。”（程树德《论语集释》，中华书局 1990 年版，第 1004 页。）这样的话，关于君子、小人的区别就主要不是从存在的状态讲，而是从力行的方向讲。就存在的状态讲，可以说每个人都是善和恶的复合体，没有纯善之人，也没有纯恶之人。但是，从力行的趋向来看，却有上进于善与滑落于恶的不同。《尚书·多方》：“惟圣罔念作狂，惟狂克念作圣。”这是说，即使处于睿智的状态，但是，如果无念进德向善，那么也会变得愚顽；即使处于愚顽的状态，但是，如果有意上进于善，那么也会变得睿智。

在德治模式中，为了引导人们向善去恶，会在善、恶两端树立具有极限性质的代表，这样就会把某些代表人物符号化。比如，子贡说：“纣之不善，不如是之甚也。是以君子恶居下流，天下之恶皆归焉。”（19.20）这可以说主要是从力行的方向讲的。商纣王之不善，从其行为的状态讲，并没有像传说的那么严重，但是从其力行的趋向看，是趋向下流。由于其趋向下流，所以人们把天下的各种恶都附加在他身上，使其成为恶的符号。虽然后人所知道的商纣王之恶是符号化的结果，但是商纣王之所以成为恶的符号，一个重要的原因还是因为其趋向下流。趋向下流则为小人，所以君子恶居下流。

孔子说：“中人以上，可以语上也；中人以下，不可以语上也。”（6.21）所谓“中人”即处于至善与极恶、上智与下愚等两端极限之间的人。“以”是“而”的意思。“上”“下”在这里都用作动词，向上、向下的意思。黄式三说：“中人以上是中人而能上进者，中人以下是中人而下流者。”（程树德《论语集释》，中华书局1990年版，第405页。）孔子说：“性相近也，习相远也。”（17.2）人生先天的性质没有本质的区别，大家都是处于两端极限之间的中人，后来人生境界的差异是由后天的人生修养导致的。对于致力于实现仁来说，没有人能力不够，所以说“有能一日用其力于仁矣乎？我未见力不足者”(4.6)。即使是致力于实现道，每个人也是可以力行的，比如，为救挽流弊而逆于时趋就是每个人都有能力做的。关键在于一个人是否有志于向上，是否有志于提升自己的境界。徐干说：“学者不患才之不赡，而患志之不立。”(《中论·治学》)孔子很赞许人有志于提升自己的境界，说“与其进也，不与其退也”(7.29)。无论一个人以前有怎样的过失，只要他从现在开始洁己以进，孔子都会赞许，不会抓住他的过去不放，“人洁已以进，与其洁也，不保其往也”(同上)。

只有当一个人有志于向上，告知他怎样向上才是有意义的，所以说“中人以上，可以语上也”；如果一个人自甘趋下，那么告知他怎样提升自己的人生境界毫无意义，所以说“中人以下，不可以语上也”。所以，对于孔门之“学”来说，确立“上达”的志向是非常重要的。“上达”把志于学上升到志于仁、志于道的高度，体现出孔门之“学”的高明境界。

王守仁说：“立志者，为学之心也；为学者，立志之事也。”(《王阳明全集》，上海古籍出版社1992年版，第276页。)志于仁、志于道的境界固然高超，但是，如果不落实在“下学”的功夫上，那么，境界必然落空。没有“上达”，“下学”犹且为“下学”；没有“下学”，“上达”便是乌有。所以，不仅要有“上达”的志向，更要有“下学”的功夫。程颢说：“学者须守下学上达之语，乃学之要。”（《河南程氏遗书》卷第二上）所谓“下学”乃平凡之“学”，即寓于平凡生活之中的“学”。高明境界要在平凡之“学”的功夫中实现，这叫作平凡而高明。孔子说：“志于道，据于德；依于仁，游于艺。”（7.6）依于仁即以仁为归宿，类似志于仁。据于德、游于艺都是寓于平凡生活之中的“下学”功夫。没有据于德、游于艺，志于道、依于仁只是闲讲。

所以，孔子非常强调“好学”，不仅以“好学”自陈（见5.28），而且告诫弟子要“好学”。孔子对子路说：“好仁不好学，其蔽也愚；好知（智）不好学，其蔽也荡；好信不好学，其蔽也贼；好直不好学，其蔽也绞；好勇不好学，其蔽也乱；好刚不好学，其蔽也狂。”（17.8）仁在这儿不是指“全德”，而是亲善的意思。即使仁、智、信、直、勇、刚这样的品质，如果不好学的话，那么，也会流于愚、荡、贼、绞、乱、狂。孔子还说过“恭而无礼则劳，慎而无礼则葸，勇而无礼则乱，直而无礼则绞”（8.2），结合“好直不好学，其蔽也绞；好勇不好学，其蔽也乱”与“勇而无礼则乱，直而无礼则绞”来看，可以说“好学”的重点在学礼。礼是“所以制中”者（见《礼记·仲尼燕居》），所以，所谓学礼，不是仅仅记一些礼的条目，更主要的是要使自己的言行得以“中”。孔子说：“中庸之为德也，其至矣乎！”（6.29）中庸是实现仁和道之魂，据于德、游于艺都指向得“中”。在中庸这儿，“下学”之功夫与“上达”之境界统一了。

孔子对子夏说：“女为君子儒，无为小人儒。”(6.13) 子夏对此比孔子的其他弟子领悟得更多。子夏说：“虽小道，必有可观者焉。致远恐泥，是以君子不为也。”(19.4)“小道”指具体的知识和技能，虽然也有可欣赏之处，但是，如果长期泥滞于此，则恐怕会陷溺其中，失去“下学而上达”的意义，所以君子不这样做。君子要做的是“学以致其道”(19.7)，即其知识技能皆用以救偏补弊，以实现道为标准来调整自己的行为。子夏说：“博学而笃志，切问而近思，仁在其中矣。”(19.6)“笃志”之“志”即志于仁、志于道之“志”。切问是问贴近自己的问题，近思是思贴近自己的问题。《论语集解》：“切问者，切问于己所学而未悟之事也；近思者，近思于己所能及之事也。泛问所未学，远思所未达，则于所学者不精，于所思者不解也。”博学、笃志、切问、近思也就是在“用其力于仁”(4.6)，所以说“仁在其中矣”。子夏又说：“仕而优则学，学而优则仕。”(19.13) 如果说博学、笃志、切问、近思是在“用其力于仁”，那么可以说“仕而优则学，学而优则仕”是在用其力于道。这样，“就有道而正焉”(1.14)，就把“下学”之小道与“上达”之大志结合起来了。

“下学而上达”也包含在平常的学习中领悟宇宙人生的道理的意思。子贡说：“夫子之文章，可得而闻也；夫子之言性与天道，不可得而闻也。”(5.13)“文章”即孔子所讲的诗、书、礼、乐等内容，“性与天道”即关于宇宙人生的道理。孔子很少直接讲性与天道，但是并不能由此以为孔子学说不涉及这些内容。孔子对宇宙人生的思考寓于对平常生活的理解之中，蕴含在对诗、书、礼、乐的解读之中，因而重视在平常的生活和教学中引导弟子们领悟宇宙人生的道理。比如，讲礼乐，提示“礼云礼云，玉帛云乎哉？乐云乐云，钟鼓云乎哉”(17.11)；论诗，从“巧笑倩兮，美目盼兮，素以为绚兮”引出“绘事后素”，进而领悟“礼后”(3.8)；学《易》，强调“仁义焉求吉，故卜筮而希也”(《马王堆汉墓帛书·要》)；习射，从中领悟射有似乎君子，“失诸正鹄，反求诸其身”(《中庸》)；习御，从“大车无輗，小车无軏”联想到“人而无信”则不可以行于世（见2.22)；观山有“功亏一篑”之感（见9.19)，观水有“逝者如斯”之叹（见9.17)，如此等等。章学诚说，要“即器以明道，会偏而得全”(《校雠通义》十之四)，“夫子曰‘下学而上达’，盖言学于形下之器，而自达于形上之道也”。所以子贡不是说“性与天道，不可得而闻也”，而是说“言性与天道，不可得而闻也”。(《文史通义》卷二)

（二）上知下愚

孔子说“君子上达”（14.23），就修身讲，就是要致力于实现仁。作为“全德”的仁包含着智的因素，比如，孔子说楚国令尹子文和齐国陈文子“未知，焉得仁”（5.19），就是把智作为实现仁的必要条件。孔子有时候也把仁与智、勇并列来讲，比如，说“仁者不忧，知者不惑，勇者不惧”（14.28），说“知、仁、勇三者，天下之达德也”（《中庸》）。但是，相对于“三达德”之并列，孔子更多的是仁、智对言，比如，说“仁者安仁，知者利仁”（4.2）；说“知者乐水，仁者乐山”“知者动，仁者静”“知者乐，仁者寿”（6.23）；说“爱近仁，度近智”（《孔子家语·颜回》），等等。孟子说“恻隐之心，仁之端也”，“是非之心，智之端也”（《孟子·公孙丑上》）。当仁、智对言时，仁是情的表现，智是理的体现。孔子学说的中心问题是情和理的关系问题，所以仁、智对言更多些。

孟子说：“恻隐之心，人皆有之；羞恶之心，人皆有之；恭敬之心，人皆有之；是非之心，人皆有之。恻隐之心，仁也；羞恶之心，义也；恭敬之心，礼也；是非之心，智也。仁义礼智，非由外铄我也，我固有之也。”（《孟子·告子上》）又说：“恻隐之心，仁之端也；羞恶之心，义之端也；辞让之心，礼之端也；是非之心，智之端也。”（《孟子·公孙丑上》）就“智”而言，这是说人类个体“先天”具有辨别是非的潜能。这种潜能是人类在漫长的社会生活发展过程中逐渐形成的理性能力，对于一代代人类个体来说，具有“先天”性。有如李泽厚所言“经验变先验，历史建理性”（李泽厚《历史本体论》，三联书店 2002 年版，第 1 页）。按孟子的说法，人类个体在其初始状态只是具有仁义礼智等德性的潜能，而不是现实的仁义礼智的德性。要由潜能实现为现实，需要在“后天”的社会生活中不断地修养学习。由于“后天”的修养学习的功夫不同，所以有“性相近也，习相远也”（17.2）之说。

孔子说：“唯上知（智）与下愚不移。”（17.3）从存在状态来讲，上智和下愚是“智一愚”的两头的极限状态，所以不移。所谓“不移”指不能在状态上由上智而上移、由下愚而下移，没有比上智更上的智，也没有比下愚更下的愚。前面曾讲到《尚书·多方》说“惟圣罔念作狂，惟狂克念作圣”。“不移”不是说不能在活动中由上智而下移、由下愚而上移。

孔子说：“生而知之者，上也；学而知之者，次也；困而学之，又其次也；困而不学，民斯为下矣。”（16.9）“生而知之”对应上智，从知的过程讲是不学而知，从知的对象讲是无不能知。孔子说他自己不是“生而知之”的人（见 7.20），也没有说过谁是这样的人。孔子讲“生而知之”，只是设定了一个不学而知的、无不能知的极限状态。在现实中，学是知的必要条件，只有学才能有知，没有不学而知的；学又是知的充分条件，只要学就能有知（当然有知之多少深浅的差别），没有学而无知的。“学而知之”是主动努力地上行求知。“困而学之”虽然不像“学而知之”那样主动努力地向上而行，但是当遭遇困境的时候，还是能上行求知的。《中庸》说：“或生而知之，或学而知之，或困而知之，及其知之一也。”“生而知之”是极限状态，假如说有处于这种极限状态的，要保持这样的状态也需要力行。“学而知之”“困而学之”都是“中人以上”（6.21），其力行方向都是指向上智，区别在于一个是主动地上行求知，一个是被动地上行求知。它们的共同点是力行而知。至于“困而不学”，则是不力行向上求知而指向下愚的极限状态。“为下”即指向下。这样的话，“上知（智）”“下愚”就不仅仅是指极限状态，更是表示行为的方向。“上”“下”在这里都用作动词，向上、向下的意思。向上则由学而知进而智，向下则不学而愚。孔子说：“君子上达，小人下达。”（14.23）就智来说，就是上则达于智，下则达于愚，必然如此，所以说“唯上知（智）与下愚不移”。

作为极限状态的上智是难以达到的，所以，对于“上达”之人来说，由学而知进而智就成了终其一生而继续的过程，成了其生命的存在方式。程颐说：“人只是一个习。”（《河南程氏遗书》卷第十八）如果细分，学、习有别；如果统讲，习也是学。“上达”之人的一生就是学的一生，这也就是所谓“为己”之学（见14.24）。荀子讲“学不可以已”，“学至乎没而后止也”（《荀子·劝学》）。《韩诗外传》中记载，子贡对孔子说，“弟子事夫子有年矣，才竭而智罢（疲），倦于学问，不能复进，请一休焉”，问“君子亦有休乎”，孔子给子贡念了两句诗：“阖棺兮乃止播兮，不知其时之易迁兮。”说这就是“君子之休”。所以，君子要“学而不已，阖棺乃止”（《韩诗外传》卷八）。孔子说他自己“发愤忘食，乐以忘忧，不知老之将至云尔”（7.19）。“不知老之将至”就是“不知其时之易迁”的表现。孔子说颜渊是“语之而不惰者”（9.20），“见其进也，未见其止也”（9.21）。颜渊的表现就是“学而不已，阖棺乃止”。

（三）博学一贯

孔子境界高超，博学多能，时人赞其德高学博。或有认为其生而知之，对此，孔子说“我非生而知之者，好古，敏以求之者也”（7.20）；或有称其为圣者仁人，对此，孔子说“若圣与仁，则吾岂敢？抑为之不厌，诲人不倦，则可谓云尔已矣”（7.34）。孔子又说自己“好学”（5.28），说自己“发愤忘食，乐以忘忧，不知老之将至”（7.19）。勤奋好学是孔子博学多能的首要原因。

《论语》中记载，一个官职太宰的人问子贡说：孔夫子是个圣者吧？要不的话，他怎么会那么多才多艺呢？子贡说：是天使孔子成大圣人、使孔子多才多艺。孔子听到后说：太宰哪里了解我呢？因为我年少时出身卑贱，所以才能做不少下层人做的事（见9.6）。这段记载说明，第一，孔子多才能；第二，孔子的才能是学习所得，不是天生的。《论语》中又记载，卫公孙朝问子贡说："仲尼焉学？"意思是，孔子那么博学多能，是从哪儿学的，跟谁学的呢？"焉"在这儿是个疑问代词。在前面讲，太宰问子贡孔子为什么多才能时，子贡说是天使孔子多才能，孔子纠正说是他自己学的。这一次，子贡回答卫公孙朝说："夫子焉不学？而亦何常师之有？"（19.22）孔子从哪儿不能学，跟谁不能学呢？哪有固定的老师呢？《左传》记载，郯子论官，"仲尼闻之，见于郯子而学之"（《左传·昭公十七年》）。《孔子家语》记载，孔子至周，"问礼于老聃，访乐于苌弘"（《孔子家语·观周》）。《韩诗外传》记载，"孔子学鼓琴于师襄子"（《韩诗外传》卷五）。这些例子印证了子贡说的孔子学无常师。孔子说："三人行，必有我师焉。择其善者而从之，其不善者而改之。"（7.22）又说："见贤思齐焉，见不贤而内自省也。"（4.17）这进一步扩展了"师"的范围。《论语》中记载，"子入太庙，每事问"（3.15）；"子与人歌而善，必使反之，而后和之"

(7.32)。这些例子表明孔子从哪儿都能学。所以，称述孔子的博学多能，首要的不在讲其博学多能的状态，而在讲其博学多能的过程。

由博学之过程而有博学之状态。然而，如果不能将博学诸事贯通起来，那么，所事仍然是各种“小道”(19.4)。孔子说：“君子不器。”(2.12)器指器具。器具都有一定的界定，比如，“桌子是……”，“杯子是……”等等。这样，器具就被概念化了。如果泥于概念，那么器具的用途就会被概念所限定。所谓不器，指不拘泥于某种“器”的概念，不被某种“用途”所局限。对人来说，所谓不器，就是不拘泥于某种专业，不被某种“小道”所局限。《论语》中记载，居住在达巷的一个居民说：孔子博学，真了不起！只是没有专力一事而成名。孔子听到这话后，不无幽默地对弟子们说：我该从事哪一行呢？从事御呢？还是从事射呢？还是从事御吧。(见 9.2)这段记载说明，第一，孔子博学；第二，孔子并不看重因一技以知名。这正体现了“君子不器”。达巷党人不了解孔子“君子不器”的主张，所以一方面赞叹孔子的博学，另一方面惋惜孔子没有精专一事而成名。

孔子对子贡说：“赐也，女(汝)以予为多学而识之者与?”子贡回答说：“然，非与?”孔子说：“非也！予一以贯之。”(15.3)孔子对曾参也说过“吾道一以贯之”（4.15）。所谓“一以贯之”，就是用一条主线或一个宗旨，把“多学而识”的那些知识贯穿起来。如果没有“一以贯之”，那么“多学而识”就是一堆零散的知识。比如，黑格尔说，“孔子和他的弟子们的谈话里面所讲的是一种常识道德”，“孔子的道德教训所包含的义务都是在古代就已经说出来的，孔子不过加以综合”（《哲学史讲演录》第一卷，商务印书馆1959年版，第119、125页），就是因为他没有注意到孔子学说中“一以贯之”的意义。正是由于把“多学而识”的知识“一以贯之”，才体现出孔子学说体系的博大精深。孔子学说围绕情和理的关系问题展开，这就是其主线。其宗旨是志于仁、志于道。博学为的不是“多学而识”，而为的是解决情和理的关系问题，为的是实现仁、实现道。

博学和一贯是志于学之“学”的两个方面，不可偏废。没有“多学而识”，则“一以贯之”流于空疏；没有“一以贯之”，则“多学而识”陷于支离。朱熹说：“近日学者病在好高，读《论语》，未问学而时习，便说一贯。”（《朱子语类》卷第十九）又说：“俗学读书，便只是读书，更不理会为学之道是如何。”（《朱子语类》卷第二十）前者是只讲“一以贯之”，不讲“多学而识”之病；后者是只知“多学而识”，不知“一以贯之”之病。

孔子说：“君子博学于文，约之以礼，亦可以弗畔矣夫！”（6.27）“一以贯之”并非随意地把博学诸事贯通起来，而是要为实现仁、实现道而“一以贯之”。修身之中和为仁，治世之中和为道，实现仁、实现道也就是实现修身、治世的中和。孔子说，礼“所以制中也”（《礼记·仲尼燕居》）；有若说“礼之用，和为贵”（1.12）。礼的作用就是制中、调和，所以，对博学之事要“约之以礼”。经过“约之以礼”的“一以贯之”才能起到实现中和的作用。“畔”有偏侧的意思，“弗畔”即不偏侧。

（四）学思相辅

《中庸》说：“博学之，审问之，慎思之，明辨之，笃行之。”统而言之，学、问、思、辨、行五者皆属于志于学之“学”；分而言之，五者为志于学之“学”的不同环节。程颐说：“博学之，审问之，慎思之，明辨之，笃行之，五者废其一，非学也。”（《河南程氏外书》卷第六）连贯学、问、思、辨、行五者而言，问是学和思的中介，辨是思和行的中介，而思又是学和行的中介。《尚书·洪范》“五曰思”孔颖达疏：“思者，心虑所行，使行得中也。”只有经过思，才能使所学行之得中。“笃行之”之“笃”有切实、专心的意思，也有真切、允当的意思。学、问、思、辨、行五者又可以分为知和行两大部分。学、问、思、辨属于知的范围，其中，问可以从属于学，辨可以从属于思。如是，则知即学、思之事。

孔子说:“学而不思则罔,思而不学则殆。”(2.15)“罔”在这里指被蒙蔽。学习求知,如果不经思考,就容易不辨是非、盲从他人,容易被迷惑。所以要学而思。通过思,一方面努力想明白所学内容,另一方面把尚存疑惑的东西择出来,避免被迷惑。“殆”在这里指生疑惑。“思而不学”不涉及他人,不存在“被”的问题。但是“思而不学”,脑子空转,越转越疑惑。所以要思而学。孔子说:“多闻阙疑,慎言其余,则寡尤。多见阙殆,慎行其余,则寡悔。”(2.18)阙是去除的意思。疑、殆指疑惑不解的内容。多闻多见要通过学,阙疑阙殆要通过思。学、思二者不可偏废。

就学和思二者相对讲,学是接受信息,思是处理信息,学是思的前提,没有学则无可思,所以首先要学。孔子说:“不学而好思,虽知不广矣。”(《韩诗外传》卷六)又说:“吾尝终日不食,终夜不寝,以思,无益,不如学也。”(15.31)但是,这并非说思不重要。在理解孔子这句话时,要注意其中一个关键词——尝。孔子说他曾经“终日不食,终夜不寝,以思,无益”,不是说一直这样。从学的经历来说,在开始的时候,学的比重大于思,而随着知识的积累,思的作用会更重要。孔子说他自己“三十而立,四十而不惑”(2.4)。“不惑”则不被迷惑、不生疑惑。从孔子的学的经历来看,三十四十之间是其学与思侧重的转折期，即由侧重于学转为侧重于思。当然，并不是说在这之前就没有思，在这之后就没有学，只是说侧重不同。《尚书·洪范》“思曰睿……睿作圣”，孔颖达疏：“睿、圣俱通名，圣大而睿小……圣是智之上，通之大也。”《尚书·多方》“惟圣罔念作狂，惟狂克念作圣”，孔颖达疏：“圣者，上智之名。”孔子学说关注的重点是智，而不是知。只有经过思，知才能上达于智并不断地升华其智，不断地趋近上智。所以，论顺序，学先于思；论作用，思重于学。

学把个体带入群体知识中，思使群体知识具有了个体性，使个体从群体知识中走出来。曾参说“吾日三省吾身”（1.4），郑玄解释“省”是“思察己之所行也”（陆德明《经典释文·论语音义》）。省蕴含着思，即思不必省，省一定包含着思。孔子说：“吾与回言终日，不违，如愚。退而省其私，亦足以发。回也不愚。”（2.9）“吾与回言终日”对于颜回来说是学，“退而省其私”蕴含着颜回独立的思。“发”在此有发明义理的意思，也有施行、行动的意思，即发明所学义理并付诸行动。颜回虽然对老师终日所言不提异议，但是，能够通过“退而省其私”，从老师所言中走出来，走到切己的发明义理、付诸行动中去。

《礼记·学记》中讲“君子之教喻”是“开而弗达”，即只开启学者的思路，而不把道理都明白告知，给学者留下思考的余地，所以说“开而弗达则思”。好的学者能够由开启的思路举一反三，扩展知识。《论语》中记载，孔子对子贡说，“你跟颜回两个人谁更优秀些?”子贡回答说，“我怎敢跟颜回比？颜回能闻一以知十，我只能闻一以知二”（5.9）。“闻一”是接受信息，“知二”“知十”是扩展知识。只有通过思才能由“闻一”而“知二”以至“知十”。就这个话题讲，颜回优于子贡之处不在于所“闻”的不同，而在于通过思而扩展的所“知”的差别。

《论语》中记载，子夏问孔子，“巧笑倩兮，美目盼兮，素以为绚兮”这几句诗是什么意思？孔子回答说，“绘事后素”，即要先有洁白的质地，然后才能绘以图案。子夏听到孔子的话，接着问：“礼后乎?”即是不是要先有真实质朴的基础，然后才能加以礼乐教化？孔子听到子夏的追问，称赞子夏进一步发挥阐明了“绘事后素”的意思，说“起予者商也！始可与言《诗》已矣”（3.8）。《论语》中又记载，子贡问孔子，能做到“贫而无谄，富而无骄”，怎么样？孔子回答说，“可也。未若贫而乐，富而好礼者也”。子贡听到孔子的话，接着问，《诗》中所讲的“如切如磋，如琢如磨”，就是这个意思吧？孔子听到子贡的追问，高兴地说，“赐也，始可与言《诗》已矣，告诸往而知来者”（1.15）。子夏由问诗而及论事，子贡由问事而及论《诗》，他们都能在进入群体知识后通过自己的思再走出来，虽然不及颜回“闻一以知十”，但也是很优秀的，所以受到孔子的称赞。

（五）学之要在于行

在前面讲到，志于学之“学”包含《中庸》所讲的学、问、思、辨、行等环节。学、问、思、辨、行五者可以分为知和行两大部分，学、问、思、辨属于知的范围。志于学之“学”统知、行两方面。知固然重要，但更重要的是行。《左传·昭公十年》：“非知之实难，将在行之。”志于学以及上达于志仁、志道，关键在于行。

《论语》中记载，“子以四教：文、行、忠、信”（7.25）。忠、信从属于行，是“立行之方”（朱熹语），使行之诚实。因此可以说孔门之教主要就是文和行两部分。文，指诗、书、礼、乐等文献以及生活中的行为规范。行，指生活实践，尤其指儒家主张的道德实践。孔子重视教（学）文，但更重视教（学）行。《论语》中弟子及其他人的很多“问”——诸如问仁、问知、问孝、问政等等，和孔子的具体回答，应该主要从行的角度去理解，即主要讲“怎么样”，而不是讲“什么是”。

孔子说：“文，莫吾犹人也。躬行君子，则吾未之有得。”（7.33）虽然孔子对诗、书、礼、乐等文献以及生活中行为规范的精熟掌握非常人所可比，但是他仍然谦逊地说自己或许与别人差不多，而在“躬行君子”这方面，则说自己还没有达到目标。君子的目标是实现仁、实现道，这是不可能达到的理想状态，躬行君子就是不断地向着这目标行进，一直在途中，死而后已。由此也可以说，孔子认为，对于文来说，达到与常人差不多的水平就可以了，而对于行，则需要不断地提高和坚持。文献中所讲的做人治世的道理和生活中的行为规范，并不难知，难在行，所以说“非知之艰，行之惟艰”（《尚书·说命中》）。

孔子说：“弟子入则孝，出则弟（悌），谨而信，泛爱众，而亲仁，行有余力，则以学文。”（1.6）“而亲仁”之亲、仁都用作动词，即能亲能仁。亲即孝悌，仁则需要把孝悌之爱由近及远扩展开来，即“泛爱众”。“谨而信”即谨慎言行而诚实守信。孝悌、泛爱、亲仁、谨信都强调行为的真诚。培养行之真诚是志于学之“学”的基础，所以说“行有余力，则以学文”。

子夏说：“贤贤易色，事父母能竭其力，事君能致其身，与朋友交言而有信。虽曰未学，吾必谓之学矣。”（1.7）儒家之学最主要的目的是培养有道德的人，所以，能成为一个有道德的人，也就可以说达到了学的目的。如是，即使没有记问诵说、辞章训诂等知识性的学习，仍然可以称之为“学”。反之，如果让所学的知识只停留于口耳之间，不能贯彻到道德修养中去，那么，可以套用子夏的话说是“虽曰已学，而亦谓之未学”。荀子说：“小人之学也，入乎耳，出乎口。口耳之间则四寸耳，曷足以美七尺之躯哉!”(《荀子·劝学》)曾参说：“君子攻其恶，求其过，强其所不能，去私欲，从事于义，可谓学矣。”(《大戴礼记·曾子立事》)这是从改正过失的角度讲为学，也是把学的重点放在行上。

在前面讲过，当颜回问孔子“克己复礼”的具体内容时，孔子回答说“非礼勿视，非礼勿听，非礼勿言，非礼勿动”，颜回接着说要“事斯语”，即要践行这几句话，而不是说记住这几句话。“事斯语”是颜回之学的特点，即听老师讲道理，然后对照“思察己之所行”，把道理落实在行动中(见2.9)。就掌握文献经典的能力来说，在孔子的弟子中要数子游、子夏优秀(见11.3)，但是孔子并没有说他们“好学”，而是赞许颜回“好学”(6.3、11.7)。孔子还特别讲了颜回“好学”的两个特征，即“不迁怒，不贰过”(6.3)。《中庸》说喜怒哀乐“发而皆中节谓之和”。从怒之“发”讲，“不迁怒”是说怒之发“不系于心而系于物”(程颢语)。怒从事上起，事当怒则怒，事过则怒消。如果是怒从心中生，那么，就会把怒发在不当怒的事上。从怒之“中节”讲，“不迁怒”是说怒之发无过无不及。程颢说：“谓之恶者非本恶，但或过或不及便如此。”(《河南程氏遗书》卷第二上)反过来讲，则无过无不及乃善。顾平甫说：“中庸即善也,善即中庸也，舍中庸无以为善。”（卫湜撰《中庸集说》，杨少涵校理，漓江出版社2011年版，第80页。）《中庸》中引孔子说颜回“择乎中庸，得一善则拳拳服膺而弗失之矣”。“得一善”即得一无过无不及之“中”。“拳拳服膺”即诚恳地把“得一善”之事内化于胸，不断地提高做事得以无过无不及的能力。这也就是“择乎中庸”，即以中庸为行为的标准。《易传·系辞下》引孔子说颜回“有不善未尝不知，知之未尝复行”。不善即或过或不及。颜回能及时发现行为的或过或不及并纠正之，不再那样做，这就是“不贰过”。“不迁怒，不贰过”所体现的都是行为的应对得当。如果说孝悌、泛爱、亲仁、谨信之行主要突出了行之“真”，那么，颜回之行则是在“真”的基础上进一步追求持续的行之“正”。颜回的行是更高标准的行，孔子讲“躬行君子”也是致力于这样高标准的行。

孔子说：“君子食无求饱，居无求安，敏于事而慎于言，就有道而正焉，可谓好学也已。”（1.14）孔子讲“君子食无求饱，居无求安”之类的话，是希望能出现一些“君子”，不把追求饱足安适作为自己人生的目的。所谓“就有道而正焉”是以使系统趋向“有道”为宗旨来校正自己的言行，立言立行以救偏补弊，这也是行为的应对得当。“敏于事”之“事”即“就有道而正”。

“敏于事”首先要对系统的存在状态“敏感”，有如《易传》中所讲的“知几”；其次要敏捷地作出反应，即“见几而作”“随时补救”。“慎于言”即谨慎言辞，防止由言辞导致系统难以预知的变化，比如“王言如丝，其出如纶；王言如纶，其出如綍”（《礼记·缁衣》）之类。孔门之“学”意在培养扶倾救偏之士，所以，能够“敏于事而慎于言，就有道而正焉”，自然也就是“好学”了。

《礼记·儒行》说“儒有博学而不穷，笃行而不倦”。孔子在具体的语境中说他自己“学而不厌，诲人不倦”（7.2），“为之不厌，诲人不倦”（7.34）。“学而不厌”和“为之不厌”有细微而并非不重要的区别。孔子之志于学并不是单纯地为学知识和技能而“博学不穷”，更重要的是要“下学而上达”（14.35），将志于学“上达”到志于仁、志于道，“为之不厌”突出了“上达”的意义。“厌”“倦”都有厌烦、倦怠的意思，指对某种活动失去兴趣，不愿意继续去做。孔子“十有五而志于学”，从此，志于学之“学”成为终其一生的存在方式。孔子从三十岁左右开始授徒设教，从此，其授徒设教与志于学融为一体，承载着致力于实现仁、实现道的志向。孔子为此“发愤忘食，乐以忘忧，不知老之将至”（7.19）。这就是孔子的“笃行而不倦”。

结语　在途中

在《老子衍说》的结语中，我曾说想依托《老子》写两本书，一本是就《老子》文本的章句做解释，另一本是将分散在《老子》章句中的各种内容贯穿起来论述，前者犹如纬线，后者犹如经线，觉得这样才能构成一幅理解《老子》的整体画面。《老子解读》是纬线性质的，《老子衍说》是经线性质的。对于《论语》也是这样的想法。《论语解读》是纬线性质的，《论语衍说》是经线性质的。

《论语衍说》围绕志于仁、志于道、志于学展开论述，三个“志于”所述内容有别，但是却体现一个共同性质，即“在途中”。

在本书中多次讲到，仁和道是孔门的两个理想境界。仁是修身的理想境界，道是治世的理想境界。作为理想境界的仁是“统摄诸德完成人格”（蔡元培语）意义上的“全德”，作为理想境界的道是群物整体和谐意义上的“全和”。志于仁、志于道即致力于实现“全德”

“全和”。子夏说“君子学以致其道”（19.7），志于学是要通过“下学而上达”（14.35）实现仁、实现道。

对于实存有限的人来说，作为理想状态的仁和道是难以充分实现的，所以，孔子说“仁之难成久矣”（《礼记·表记》），说“朝闻道，夕死可矣”（4.8）。子路也说“道之不行，已知之矣”（18.7）。但是，难以充分实现并不否定努力追求实现。对于理想状态的仁和道来说，能否充分实现是一回事，是否坚持追求是另一回事。一方面认识到理想状态难以充分实现，另一方面还要坚持努力去实现，这被当时的隐者称作“知其不可而为之”（14.38）。虽然隐者的说法带有嘲讽的意味，但是却也比较准确地概括出孔子学说的特征，“知其不可而为之”正是孔门之学的可敬可爱处。

对于理想状态的仁和道，没有人有能力达到；对于追求过程的仁和道，没有人没有能力去做。对于实现仁来说，孔子说，“为仁由己，而由人乎哉？”（12.1）“有能一日用其力于仁矣乎？我未见力不足者。”（4.6）对于实现道来说，虽然行为的效果牵涉到个体之外的环境、机遇等因素，但是，从个体的行为的动机讲，还是可以说，为道由己，而由人乎哉？有能一日用其力于道矣乎？我未见力不足者。比如，“和而不流”就是每一个人都有能力去做的。再比如，“节用”也是每一个人都有能力去做的。这样，仁和道便不再是名词的，而成为动词的。志于仁、志于道成为不断地消除现存不仁、不道的状况的现实的活动。志于学也就成为无止境的“下学而上达”的过程。

《诗·维天之命》讲“维天之命，於穆不已”。《礼记》中记载，鲁哀公问孔子：“敢问君子何贵乎天道也?”孔子回答说：“贵其不已。”（《礼记·哀公问》）《易传·象传》讲“天行健，君子以自强不息”。孔门之学的精神全在这“不已”“不息”上。假如说有朝一日达到了理想状态的仁和道，或者说停止了对理想状态的仁和道的追求，那也可以说就与孔门之学没有关系了。

王国维说：“古今之成大事业大学问者，必经过三种之境界。‘昨夜西风凋碧树，独上高楼，望尽天涯路’，此第一境也。‘衣带渐宽终不悔，为伊消得人憔悴’，此第二境也。‘众里寻他千百度，回头蓦见，那人正在灯火阑珊处’，此第三境也。”（《人间词话》）王国维在《文学小言》中讲的是“古今之成大事业、大学问者，不可不历三种之阶级”。所谓“三种之境界”，应该说是一个境界的三个阶段或者三种风貌。儒家学说是成“大人”之学，相比成“大事业大学问者”，更能体现这种境界。

第一境讲境界的确立。确立成“大事业大学问者”尤其是成“大人”的境界，要有大眼界、大胸襟。让我们把晏殊讲的“昨夜西风凋碧树，独上高楼，望尽天涯路”与欧阳修讲的“庭院深深深几许，杨柳堆烟，帘幕无重数”联系起来看。可以想象，在“庭院深深”“杨柳堆烟”“帘幕无重数”的遮蔽下，难以“望尽天涯路”。进而可以联想，眼前的种种热闹纷华也会束缚人的眼界和胸襟。“西风凋碧树”“独上高楼”使人感受到身处寥廓苍茫中的孤独，而正是寥廓苍茫中的孤独，使人得以有大眼界、大胸襟。“望尽天涯路”确定了境界的规模和气象。孔门志于仁、志于道的境界，就具有“望尽天涯路”的规模和气象。

第二境讲境界的落实。志于仁、志于道，功夫要落实在志于学上。志于学的历程伴随着“衣带渐宽终不悔，为伊消得人憔悴”的体验。孔子说：“仁之为器重，其为道远，举者莫能胜也，行者莫能致也……夫勉于仁者，不亦难乎？”“乡（向）道而行，中道而废，忘身之老也，不知年数之不足也，俛焉日有孳孳，毙而后已。”（《礼记·表记》）。发愤忘食，黾勉而行，故而“人憔悴”。却也乐以忘忧，忘身之老，这正是“终不悔”的表现。

第三境讲境界的实现。“望尽天涯路”是“望”之尽而非“路”之尽。这种尽，随着“望”的主体的行进而延伸，因此有颜渊喟叹孔子所教“仰之弥高，钻之弥坚；瞻之在前，忽焉在后”（9.11）。“路”未可尽，进没有止，因此有孔子评价颜渊“吾见其进也，未见其止也”（9.21）。这样，追求理想境界的意义，由“望尽”而追求到达尽头，转化为在不断延伸的路上行进。孔子说：“仁远乎哉？我欲仁，斯仁至矣。”（7.30）理想状态的彼仁（道）很远很远，追求过程的此仁（道）很近很近，只要用其力于仁（道）也就达到了此仁（道）。这叫作“为者常成，行者常至”（《说苑·建本》）。回头蓦见，“众里寻他千百度”的仁和道，不是在终点的灯火辉煌处，而正在途中的“灯火阑珊处”。境界的实现体现在实现境界的过程中。路上就有美丽的风光。

附录一　《论语》原文

附录《论语》原文以拙著《论语解读》为准，一章之内文字不做分段处理，对文中的一些多音字和生僻字做了注音。

学而第一

1.1 子曰："学而时习之，不亦说（yuè）乎！有朋自远方来，不亦乐乎！人不知而不愠（yùn），不亦君子乎！"

1.2 有子曰："其为人也孝弟（tì），而好（hào）犯上者，鲜（xiǎn）矣；不好（hào）犯上，而好（hào）作乱者，未之有也。君子务本，本立而道生。孝弟（tì）也者，其为仁之本与（yú）！"

1.3 子曰："巧言令色，鲜（xiǎn）矣仁！"

1.4 曾子曰："吾日三省（xǐng）吾身：为（wèi）人谋而不忠乎？与朋友交而不信乎？传（chuán）不习乎？"

1.5 子曰："道（dǎo）千乘（shèng）之国：敬事而信，节用而爱人，使民以时。"

1.6 子曰："弟子入则孝，出则弟（tì），谨而信，泛爱众，而亲仁，行有余力，则以学文。"

1.7 子夏曰："贤贤易色，事父母能竭其力，事君能致其身，与朋友交言而有信。虽曰未学，吾必谓之学矣。"

1.8 子曰："君子不重（zhòng）则不威，学则不固。主忠信。无友不如己者。过则勿惮改。"

1.9 曾子曰："慎终追远，民德归厚矣。"

1.10 子禽问于子贡曰："夫子至于是邦也，必闻其政，求之与（yú）？抑与之与（yú）？"子贡曰："夫子温、良、恭、俭、让以得之。夫子之求之也，其诸异乎人之求之与（yú）？"

1.11 子曰："父在，观其志；父没（mò），观其行。三年无改于父之道，可谓孝矣。"

1.12 有子曰："礼之用，和为贵。先王之道斯为美。小大由之。有所不行：知和而和。不以礼节之，亦不可行也。"

1.13 有子曰："信近于义，言可复也；恭近于礼，远（yuàn）耻辱也；因不失其亲，亦可宗也。"

1.14 子曰："君子食无求饱，居无求安，敏于事而慎于言，就有道而正焉，可谓好（hào）学也已。"

1.15 子贡曰："贫而无谄，富而无骄，何如?"子曰："可也。未若贫而乐，富而好礼者也。"子贡曰："《诗》云：'如切如磋，如琢如磨。'其斯之谓与(yú)?"子曰："赐也，始可与言《诗》已矣，告诸往而知来者。"

1.16 子曰："不患人之不已知，患不知人也。"

为政第二

2.1 子曰："为政以德，譬如北辰居其所而众星共(gǒng)之。"

2.2 子曰："《诗》三百，一言以蔽之，曰'思无邪'。"

2.3 子曰："道(dǎo)之以政，齐之以刑，民免而无耻；道(dǎo)之以德，齐之以礼，有耻且格。"

2.4 子曰："吾十有(yòu)五而志于学，三十而立，四十而不惑，五十而知天命，六十而耳顺，七十而从心所欲不逾矩。"

2.5 孟懿子问孝。子曰："无违。"樊迟御，子告之曰："孟孙问孝于我，我对曰无违。"樊迟曰："何谓也?"子曰："生，事之以礼；死，葬之以礼，祭之以礼。"

2.6 孟武伯问孝。子曰："父母唯其疾之忧。"

2.7 子游问孝。子曰："今之孝者，是谓能养。至于犬马，皆能有养。不敬，何以别乎？”

2.8 子夏问孝。子曰：“色难。有事，弟子服其劳；有酒食，先生馔（zhuàn），曾（zēng）是以为孝乎？”

2.9 子曰：“吾与回言终日，不违，如愚。退而省（xǐng）其私，亦足以发。回也不愚。”

2.10 子曰：“视其所以，观其所由，察其所安，人焉廋（sōu）哉？人焉廋哉？”

2.11 子曰：“温故而知（zhì）新，可以为师矣。”

2.12 子曰：“君子不器。”

2.13 子贡问君子。子曰：“先行，其言而后从之。”

2.14 子曰：“君子周而不比，小人比而不周。”

2.15 子曰：“学而不思则罔，思而不学则殆。”

2.16 子曰：“攻乎异端，斯害也已。”

2.17 子曰：“由！诲女（rǔ）知（zhì）之乎！知之为知之，不知为不知，是知（zhì）也。”

2.18 子张学干禄。子曰：“多闻阙疑，慎言其余，则寡尤。多见阙殆，慎行其余，则寡悔。言寡尤，行寡悔，禄在其中矣。”

2.19 哀公问曰：“何为则民服？”孔子对曰：“举直错（cù）诸枉，则民服；举枉错（cù）诸直，则民不服。”

2.20 季康子问：“使民敬忠以劝，如之何？”子曰：“临之以庄则敬，孝慈则忠，举善而教（jiào）不能则劝。”

2.21 或谓孔子曰：“子奚不为政？”子曰：“《书》云：‘孝乎惟孝，友于兄弟，施（yì）于有政。’是亦为政。奚其为为政？”

2.22 子曰：“人而无信，不知其可也。大车无輗（ní），小车无軏（yuè），其何以行之哉？”

2.23 子张问：“十世可知也？”子曰：“殷因于夏礼，所损益可知也；周因于殷礼，所损益可知也。其或继周者，虽百世可知也。”

2.24 子曰：“非其鬼而祭之，谄也。见义不为，无勇也。”

八佾第三

3.1 孔子谓季氏：“八佾（yì）舞于庭，是可忍也，孰不可忍也？”

3.2 三家者以《雍》彻。子曰：“‘相（xiàng）维辟（bì）公，天子穆穆’，奚取于三家之堂？”

3.3 子曰：“人而不仁，如礼何？人而不仁，如乐（yuè）何？”

3.4 林放问礼之本。子曰：“大哉问！礼，与其奢也，宁俭；丧（sāng），与其易也，宁戚。”

3.5 子曰：“夷狄之有君，不如诸夏之亡（wú）也。”

3.6 季氏旅于泰山。子谓冉有曰："女（rǔ）弗能救与（yú）？"对曰："不能。"子曰："呜呼！曾（zēng）谓泰山不如林放乎？"

3.7 子曰："君子无所争。必也，射乎！揖让而升下、而饮。其争也君子。"

3.8 子夏问曰："巧笑倩兮，美目盼兮，素以为绚兮。何谓也？"子曰："绘事后素。"曰："礼后乎？"子曰："起予者商也！始可与言《诗》已矣。"

3.9 子曰："夏礼吾能言之，杞不足征也；殷礼吾能言之，宋不足征也。文献不足故也。足则吾能征之矣。"

3.10 子曰："禘（dì）自既灌而往者，吾不欲观之矣。"

3.11 或问禘之说。子曰："不知也。知其说者之于天下也，其如示（zhì）诸斯乎！"指其掌。

3.12 祭如在，祭神如神在。子曰："吾不与（yù）祭，如不祭。"

3.13 王孙贾（gǔ）问曰："与其媚于奥，宁媚于灶，何谓也？"子曰："不然。获罪于天，无所祷也。"

3.14 子曰："周监（jiàn）于二代，郁郁乎文哉！吾从周。"

3.15 子入太庙，每事问。或曰："孰谓鄹（zōu）人之子知礼乎？入太庙，每事问。"子闻之，曰："是礼也。”

3.16 子曰：“射不主皮，为（wèi）力不同科，古之道也。”

3.17 子贡欲去告朔之饩（xì）羊。子曰：“赐也，尔爱其羊，我爱其礼。”

3.18 子曰：“事君尽礼，人以为谄也。”

3.19 定公问：“君使臣，臣事君，如之何？”孔子对曰：“君使臣以礼，臣事君以忠。”

3.20 子曰：“《关雎》，乐而不淫，哀而不伤。”

3.21 哀公问社于宰我。宰我对曰：“夏后氏以松，殷人以柏，周人以栗。曰使民战栗。”子闻之，曰：“成事不说。遂事不谏。既往不咎。”

3.22 子曰：“管仲之器小哉！”或曰：“管仲俭乎？”曰：“管氏有三归，官事不摄，焉得俭？”“然则管仲知礼乎？”曰：“邦君树塞门，管氏亦树塞门。邦君为（wèi）两君之好（hào），有反坫（diàn），管氏亦有反坫。管氏而知礼，孰不知礼？”

3.23 子语（yù）鲁大（tài）师乐（yuè），曰：“乐（yuè）其可知也：始作，翕如也；从（zòng）之，纯如也，皦如也，绎如也；以成。”

3.24 仪封人请见，曰：“君子之至于斯也，吾未尝不得见也。”从者见之。出，曰：“二三子何患于丧（sàng）乎？天下之无道也久矣，天将以夫子为木铎。”

3.25 子谓《韶》，“尽美矣，又尽善也”。谓《武》，“尽美矣，未尽善也”。

3.26 子曰：“居上不宽，为礼不敬，临丧（sāng）不哀，吾何以观之哉？”

里仁第四

4.1 子曰：“里仁为美。择不处（chǔ）仁，焉得知（zhì）？”

4.2 子曰：“不仁者不可以久处（chǔ）约，不可以长处（chǔ）乐。仁者安仁，知（zhì）者利仁。”

4.3 子曰：“唯仁者能好（hào）人，能恶（wù）人。”

4.4 子曰：“苟志于仁矣，无恶也。”

4.5 子曰：“富与贵，是人之所欲也，不以其道得之，不处（chǔ）也。贫与贱，是人之所恶（wù）也，不以其道得之，不去也。君子去仁，恶（wū）乎成名。君子无终食之间违仁，造次必于是，颠沛必于是。”

4.6 子曰：“我未见好（hào）仁者，恶（wù）不仁者。好（hào）仁者，无以尚之；恶（wù）不仁者，其为仁矣，不使不仁者加乎其身。有能一日用其力于仁矣乎？我未见力不足者。盖有之矣，我未之见也。”

4.7 子曰：“人之过也，各于其党。观过，斯知仁矣。”

4.8 子曰："朝闻道，夕死可矣！"

4.9 子曰："士志于道，而耻恶衣恶食者，未足与议也！"

4.10 子曰："君子之于天下也，无适也，无莫也，义之与比。"

4.11 子曰："君子怀德，小人怀土；君子怀刑，小人怀惠。"

4.12 子曰："放（fǎng）于利而行，多怨。"

4.13 子曰："能以礼让为国乎，何有？不能以礼让为国，如礼何！"

4.14 子曰："不患无位，患所以立；不患莫己知，求为可知也。"

4.15 子曰："参（shēn）乎！吾道一以贯之。"曾子曰："唯（wěi）。"子出。门人问曰："何谓也？"曾子曰："夫子之道，忠恕而已矣。"

4.16 子曰："君子喻于义，小人喻于利。"

4.17 子曰："见贤思齐焉，见不贤而内自省（xǐng）也。"

4.18 子曰："事父母几（jī）谏，见志不从，又敬不违，劳而不怨。"

4.19 子曰："父母在，不远游。游必有方。"

4.20 子曰："三年无改于父之道，可谓孝矣。"

4.21 子曰："父母之年，不可不知也。一则以喜，一则以惧。”

4.22 子曰：“古者言之不出，耻躬之不逮（dài）也。”

4.23 子曰：“以约失之者鲜（xiǎn）矣。”

4.24 子曰：“君子欲讷（nè）于言而敏于行。”

4.25 子曰：“德不孤，必有邻。”

4.26 子游曰：“事君数（shuò），斯辱矣；朋友数（shuò），斯疏矣。”

公冶长第五

5.1 子谓公冶长，“可妻（qì）也。虽在缧（léi）绁（xiè）之中，非其罪也。”以其子妻（qì）之。

5.2 子谓南容，“邦有道，不废；邦无道，免于刑戮。”以其兄之子妻（qì）之。

5.3 子谓子贱，“君子哉若人！鲁无君子者，斯焉取斯？”

5.4 子贡问曰：“赐也何如？”子曰：“女（rǔ）器也。”曰：“何器也？”曰：“瑚（hú）琏（liǎn）也。”

5.5 或曰：“雍也仁而不佞。”子曰：“焉用佞？御人以口给（jǐ），屡憎于人。不知其仁。焉用佞？”

5.6 子使漆彫开仕。对曰：“吾斯之未能信。”子说（yuè）。

5.7 子曰：“道不行，乘桴（fú）浮于海。从我者，其由与（yú）？”子路闻之喜。子曰：“由也好勇、过我，无所取材。”

5.8 孟武伯问：“子路仁乎？”子曰：“不知也。”又问。子曰：“由也，千乘（shèng）之国，可使治其赋也，不知其仁也。”“求也何如？”子曰：“求也，千室之邑，百乘（shèng）之家，可使为之宰也，不知其仁也。”“赤也何如？”子曰：“赤也，束带立于朝，可使与宾客言也，不知其仁也。”

5.9 子谓子贡曰：“女（rǔ）与回也孰愈？”对曰：“赐也何敢望回？回也闻一以知十，赐也闻一以知二。”子曰：“弗如也，吾与女（rǔ）弗如也。”

5.10 宰予昼寝。子曰：“朽木不可雕也，粪土之墙不可杇（wū）也。于予与何诛？”子曰：“始吾于人也，听其言而信其行；今吾于人也，听其言而观其行。于予与改是。”

5.11 子曰：“吾未见刚者。”或对曰：“申枨（chéng）。”子曰：“枨也欲，焉得刚？”

5.12 子贡曰：“我不欲人之加诸我也；吾亦欲无加诸人。”子曰：“赐也，非尔所及也。”

5.13 子贡曰：“夫子之文章，可得而闻也；夫子之言性与天道，不可得而闻也。”

5.14 子路有闻，未之能行，唯恐有（yòu）闻。

5.15 子贡问曰：“孔文子何以谓之文也？”子曰：

“敏而好（hào）学，不耻下问，是以谓之文也。”

5.16 子谓子产，“有君子之道四焉：其行己也恭，其事上也敬，其养民也惠，其使民也义。”

5.17 子曰：“晏平仲善与人交，久而敬之。”

5.18 子曰：“臧文仲居蔡，山节藻棁（zhuō），何如其知（zhì）也？”

5.19 子张问曰：“令尹子文三仕为令尹，无喜色；三已之，无愠色。旧令尹之政，必以告新令尹。何如？”子曰：“忠矣。”曰：“仁矣乎？”曰：“未知（zhì），焉得仁？”“崔子弑齐君，陈文子有马十乘（shèng），弃而违之。至于他邦，则曰，‘犹吾大夫崔子也。’违之。之一邦，则又曰：‘犹吾大夫崔子也。’违之。何如？”子曰：“清矣。”曰：“仁矣乎？”曰：“未知（zhì），焉得仁？”

5.20 季文子三思而后行。子闻之，曰：“再，斯可矣。”

5.21 子曰：“宁武子邦有道则知（zhì），邦无道则愚。其知（zhì）可及也，其愚不可及也。”

5.22 子在陈，曰：“归与（yú）！归与（yú）！吾党之小子狂简，斐然成章，不知所以裁之。”

5.23 子曰：“伯夷、叔齐不念旧恶，怨是用希。”

5.24 子曰：“孰谓微生高直？或乞醯（xī）焉，乞诸其邻而与之。”

5.25 子曰："巧言、令色、足（jù）恭，左丘明耻之，丘亦耻之。匿怨而友其人，左丘明耻之，丘亦耻之。"

5.26 颜渊、季路侍。子曰："盍（hé）各言尔志？"子路曰："愿车马衣（yì）轻裘与朋友共，敝之而无憾。"颜渊曰："愿无伐善，无施劳。"子路曰："愿闻子之志。"子曰："老者安之，朋友信之，少者怀之。"

5.27 子曰："已矣乎！吾未见能见其过而内自讼者也。"

5.28 子曰："十室之邑，必有忠信如丘者焉，不如丘之好（hào）学也。"

雍也第六

6.1 子曰："雍也可使南面。"

6.2 仲弓问子桑伯子。子曰："可也，简。"仲弓曰："居敬而行简，以临其民，不亦可乎？居简而行简，无乃大（tài）简乎？"子曰："雍之言然。"

6.3 哀公问："弟子孰为好（hào）学？"孔子对曰："有颜回者好（hào）学，不迁怒，不贰过。不幸短命死矣。今也则亡（wú），未闻好（hào）学者也。"

6.4 子华使于齐，冉子为（wèi）其母请粟。子曰："与之釜。"请益。曰："与之庾（yǔ）。"冉子与之粟五秉。子曰："赤之适齐也，乘肥马，衣（yì）轻裘。吾闻之也：君子周急不继富。”

6.5 原思为之宰，与之粟九百，辞。子曰：“毋！以与尔邻里乡党乎！”

6.6 子谓仲弓曰：“犁牛之子骍（xīng）且角，虽欲勿用，山川其舍诸？”

6.7 子曰：“回也，其心三月不违仁，其余则日月至焉而已矣。”

6.8 季康子问：“仲由可使从政也与（yú）？”子曰：“由也果，于从政乎何有？”曰：“赐也可使从政也与（yú）？”曰：“赐也达，于从政乎何有？”曰：“求也可使从政也与（yú）？”曰：“求也艺，于从政乎何有？”

6.9 季氏使闵子骞为费（bì）宰。闵子骞曰：“善为（wèi）我辞焉。如有复我者，则吾必在汶上矣。”

6.10 伯牛有疾，子问之，自牖执其手，曰：“亡（wú）之。命矣夫（fú）！斯人也而有斯疾也！斯人也而有斯疾也！”

6.11 子曰：“贤哉，回也！一箪（dān）食，一瓢饮，在陋巷，人不堪其忧，回也不改其乐。贤哉，回也！”

6.12 冉求曰：“非不说（yuè）子之道，力不足也。”子曰：“力不足者，中道而废。今女（rǔ）画。”

6.13 子谓子夏曰：“女（rǔ）为君子儒，无为小人儒。”

6.14 子游为武城宰。子曰："女（rǔ）得人焉尔乎？"曰："有澹（tán）台灭明者，行不由径，非公事，未尝至于偃之室也。"

6.15 子曰："孟之反不伐，奔而殿，将入门，策其马，曰：'非敢后也，马不进也。'"

6.16 子曰："不有祝鮀（tuó）之佞，而有宋朝之美，难乎免于今之世矣。"

6.17 子曰："谁能出不由户？何莫由斯道也？"

6.18 子曰："质胜文则野，文胜质则史。文质彬彬，然后君子。"

6.19 子曰："人之生也直，罔之生也幸而免。"

6.20 子曰："知之者不如好（hào）之者，好（hào）之者不如乐之者。"

6.21 子曰："中人以上，可以语（yù）上也；中人以下，不可以语（yù）上也。"

6.22 樊迟问知（zhì）。子曰："务民之义，敬鬼神而远（yuàn）之，可谓知（zhì）矣。"问仁。曰："仁者先难而后获，可谓仁矣。"

6.23 子曰："知（zhì）者乐（yào）水，仁者乐（yào）山。知（zhì）者动，仁者静。知（zhì）者乐，仁者寿。"

6.24 子曰："齐一变，至于鲁；鲁一变，至于道。"

6.25 子曰："觚（gū）不觚！觚哉！觚哉！"

6.26 宰我问曰："仁者，虽告之曰'井有仁焉'，其从之也？"子曰："何为其然也？君子可逝也，不可陷也；可欺也，不可罔也。"

6.27 子曰："君子博学于文，约之以礼，亦可以弗畔矣夫（fú）！"

6.28 子见南子，子路不说（yuè）。夫子矢之曰："予所否者，天厌之！天厌之！"

6.29 子曰："中庸之为德也，其至矣乎！民鲜（xiǎn）久矣。"

6.30 子贡曰："如有博施于民而能济众，何如？可谓仁乎？"子曰："何事（zì）于仁！必也圣乎！尧、舜其犹病诸！夫（fú）仁者，己欲立而立人，己欲达而达人。能近取譬，可谓仁之方也已。"

述而第七

7.1 子曰："述而不作，信而好古，窃比于我老彭。"

7.2 子曰："默而识（zhì）之，学而不厌，诲人不倦，何有于我哉？"

7.3 子曰："德之不修，学之不讲，闻义不能徙，不善不能改，是吾忧也。"

7.4 子之燕居，申申如也，夭夭如也。

7.5 子曰："甚矣吾衰也！久矣吾不复梦见周公！"

7.6 子曰："志于道，据于德；依于仁，游于艺。"

7.7 子曰："自行束脩（xiū）以上，吾未尝无诲焉。"

7.8 子曰："不愤不启，不悱（fěi）不发，举一隅不以三隅反，则不复也。"

7.9 子食于有丧（sāng）者之侧，未尝饱也。

7.10 子于是日哭，则不歌。

7.11 子谓颜渊曰："用之则行，舍之则藏，惟我与尔有是夫（fú）。"子路曰："子行三军，则谁与（yǔ）？"子曰："暴虎冯（píng）河，死而无悔者，吾不与（yǔ）也。必也临事而惧，好谋而成者也。"

7.12 子曰："富而可求也，虽执鞭之士，吾亦为之。如不可求，从吾所好。"

7.13 子之所慎：齐（zhāi），战，疾。

7.14 子在齐闻《韶》，三月不知肉味，曰："不图为乐（yuè）之至于斯也。"

7.15 冉有曰："夫子为（wèi）卫君乎？"子贡曰："诺。吾将问之。"入，曰："伯夷、叔齐何人也？"曰："古之贤人也。"曰："怨乎？"曰："求仁而得仁，又何怨？"出，曰："夫子不为（wèi）也。"

7.16 子曰："饭疏食饮水，曲肱而枕之，乐亦在其中矣。不义而富且贵，于我如浮云。"

7.17 子曰："加我数年，五十以学《易》，可以无大过矣。”

7.18 子所雅言：《诗》《书》、执礼，皆雅言也。

7.19 叶公问孔子于子路，子路不对。子曰：“女（rǔ）奚不曰，其为人也，发愤忘食，乐以忘忧，不知老之将至云尔。”

7.20 子曰：“我非生而知之者，好古，敏以求之者也。”

7.21 子不语怪、力、乱、神。

7.22 子曰：“三人行，必有我师焉。择其善者而从之，其不善者而改之。”

7.23 子曰：“天生德于予，桓魋（tuí）其如予何？”

7.24 子曰：“二三子以我为隐乎？吾无隐乎尔。吾无行而不与（yù）二三子者，是丘也。”

7.25 子以四教：文、行、忠、信。

7.26 子曰：“圣人，吾不得而见之矣；得见君子者，斯可矣。”子曰：“善人，吾不得而见之矣；得见有恒者，斯可矣。亡（wú）而为有，虚而为盈，约而为泰，难乎有恒矣。”

7.27 子钓而不纲，弋（yì）不射宿。

7.28 子曰：“盖有不知而作之者，我无是也。多闻，择其善者而从之；多见而识（zhì）之，知之次也。”

7.29 互乡难与言童子见，门人惑。子曰：“与

(yǔ)其进也，不与（yǔ）其退也，唯何甚？人洁己以进，与（yǔ）其洁也，不保其往也。”

7.30 子曰：“仁远乎哉？我欲仁，斯仁至矣。”

7.31 陈司败问：“昭公知礼乎？”孔子曰：“知礼。”孔子退，揖巫马期而进之，曰：“吾闻君子不党，君子亦党乎？君取于吴，为同姓，谓之吴孟子。君而知礼，孰不知礼？”巫马期以告。子曰：“丘也幸，苟有过，人必知之。”

7.32 子与人歌而善，必使反之，而后和（hè）之。

7.33 子曰：“文，莫吾犹人也。躬行君子，则吾未之有得。”

7.34 子曰：“若圣与仁，则吾岂敢？抑为之不厌，诲人不倦，则可谓云尔已矣。”公西华曰：“正唯弟子不能学也。”

7.35 子疾病。子路请祷。子曰：“有诸？”子路对曰：“有之。诔（lěi）曰：‘祷尔于上下神祇（qí）。’”子曰：“丘之祷久矣。”

7.36 子曰：“奢则不孙（xùn），俭则固。与其不孙（xùn）也，宁固。”

7.37 子曰：“君子坦荡荡，小人长戚戚。”

7.38 子温而厉，威而不猛，恭而安。

泰伯第八

8.1 子曰："泰伯，其可谓至德也已矣。三以天下让，民无得而称焉。"

8.2 子曰："恭而无礼则劳，慎而无礼则葸（xǐ），勇而无礼则乱，直而无礼则绞。君子笃于亲，则民兴于仁；故旧不遗，则民不偷。"

8.3 曾子有疾，召门弟子，曰："启予足！启予手！《诗》云：'战战兢兢，如临深渊，如履薄冰。'而今而后，吾知免夫（fú）！小子！"

8.4 曾子有疾，孟敬子问之。曾子言曰："鸟之将死，其鸣也哀；人之将死，其言也善。君子所贵乎道者三：动容貌，斯远（yuàn）暴慢矣；正颜色，斯近信矣；出辞气，斯远（yuàn）鄙倍矣。笾（biān）豆之事，则有司存。"

8.5 曾子曰："以能问于不能，以多问于寡，有若无，实若虚，犯而不校（jiào），昔者吾友尝从事于斯矣。"

8.6 曾子曰："可以托六尺之孤，可以寄百里之命，临大节而不可夺也，君子人与（yú）？君子人也。"

8.7 曾子曰："士不可以不弘毅，任重而道远。仁以为己任，不亦重乎？死而后已，不亦远乎？"

8.8 子曰："兴于诗，立于礼，成于乐。"

8.9 子曰："民可使由之，不可使知（zhì）之。"

8.10 子曰："好勇疾贫，乱也。人而不仁，疾之已甚，乱也。"

8.11 子曰："如有周公之才之美，使骄且吝，其余不足观也已。"

8.12 子曰："三年学，不至于谷，不易得也。"

8.13 子曰："笃信好学守死善道。危邦不入，乱邦不居。天下有道则见（xiàn），无道则隐。邦有道，贫且贱焉，耻也；邦无道，富且贵焉，耻也。"

8.14 子曰："不在其位，不谋其政。"

8.15 子曰："师挚之始，《关雎》之乱，洋洋乎盈耳哉。"

8.16 子曰："狂而不直，侗（tóng）而不愿，悾悾（kōngkōng）而不信，吾不知之矣。"

8.17 子曰："学如不及，犹恐失之。"

8.18 子曰："巍巍乎！舜、禹之有天下也而不与（yù）焉。"

8.19 子曰："大哉！尧之为君也。巍巍乎！唯天为大，唯尧则之。荡荡乎！民无能名焉。巍巍乎！其有成功也。焕乎！其有文章。"

8.20 舜有臣五人而天下治。武王曰："予有乱臣十人。"孔子曰："才难，不其然乎？唐虞之际，于斯为盛。有妇人焉，九人而已。三分天下有其二，以服事殷。周之德，其可谓至德也已矣。”

8.21 子曰：“禹，吾无间（jiàn）然矣。菲饮食而致孝乎鬼神，恶（è）衣服而致美乎黻（fú）冕，卑宫室而尽力乎沟洫。禹，吾无间然矣。”

子罕第九

9.1 子罕言利与命与仁。

9.2 达巷党人曰：“大哉孔子，博学而无所成名。”子闻之，谓门弟子曰：“吾何执？执御乎，执射乎？吾执御矣。”

9.3 子曰：“麻冕，礼也，今也纯，俭，吾从众；拜下，礼也，今拜乎上，泰也，虽违众，吾从下。”

9.4 子绝四：毋意，毋必，毋固，毋我。

9.5 子畏于匡。曰：“文王既没（mò），文不在兹乎？天之将丧（sàng）斯文也，后死者不得与（yù）于斯文也；天之未丧（sàng）斯文也，匡人其如予何？”

9.6 大（tài）宰问于子贡曰：“夫子圣者与（yú）？何其多能也？”子贡曰：“固天纵之将圣又多能也。”子闻之，曰：“大（tài）宰知我乎？吾少也贱，故多能鄙事。君子多乎哉？不多也！”

9.7 牢曰：“子云：‘吾不试，故艺。’”

9.8 子曰：“吾有知乎哉？无知也。有鄙夫问于我，空空如也。我叩其两端而竭焉。”

9.9 子曰："凤鸟不至，河不出图，吾已矣夫（fú）！"

9.10 子见齐（zī）衰（cuī）者、冕衣裳者与瞽者，见之，虽少必作；过之，必趋。

9.11 颜渊喟（kuì）然叹曰："仰之弥高，钻之弥坚；瞻之在前，忽焉在后。夫子循循然善诱人，博我以文，约我以礼，欲罢不能。既竭吾才，如有所立卓尔，虽欲从之，末由也已！"

9.12 子疾病。子路使门人为臣。病间（jiàn），曰："久矣哉，由之行诈也！无臣而为有臣。吾谁欺？欺天乎？且予与其死于臣之手也，无宁死于二三子之手乎！且予纵不得大葬，予死于道路乎？"

9.13 子贡曰："有美玉于斯，韫（yùn）椟（dú）而藏诸？求善贾（gǔ）而沽诸？"子曰："沽之哉！沽之哉！我待贾（gǔ）者也！"

9.14 子欲居九夷。或曰："陋，如之何？"子曰："君子居之，何陋之有！"

9.15 子曰："吾自卫反鲁，然后乐（yuè）正，雅、颂各得其所。"

9.16 子曰："出则事公卿，入则事父兄，丧（sāng）事不敢不勉，不为酒困，何有于我哉！"

9.17 子在川上曰："逝者如斯夫（fú）！不舍（shè）昼夜。"

9.18 子曰："吾未见好德如好色者也。"

9.19 子曰："譬如为山，未成一篑（kuì），止，吾止也；譬如平地，虽覆一篑，进，吾往也。"

9.20 子曰："语（yù）之而不惰者，其回也与（yú）！"

9.21 子谓颜渊曰："惜乎！吾见其进也，未见其止也！"

9.22 子曰："苗而不秀者有矣夫（fú）！秀而不实者有矣夫（fú）！"

9.23 子曰："后生可畏，焉知来者之不如今也？四十、五十而无闻（wèn）焉，斯亦不足畏也已！"

9.24 子曰："法语（yù）之言，能无从乎？改之为贵。巽（xùn）与之言，能无说（yuè）乎？绎之为贵。说（yuè）而不绎，从而不改，吾末如之何也已矣！"

9.25 子曰："主忠信。毋友不如己者。过则勿惮改。"

9.26 子曰："三军可夺帅也，匹夫不可夺志也。"

9.27 子曰："衣（yì）敝缊（yùn）袍，与衣（yì）狐貉（hé）者立，而不耻者，其由也与（yú）！""不忮（zhì）不求，何用不臧？"子路终身诵之。子曰："是道也，何足以臧！"

9.28 子曰："岁寒，然后知松柏之后彫也。"

9.29 子曰："知（zhì）者不惑，仁者不忧，勇者不惧。”

9.30 子曰：“可与共学，未可与适道；可与适道，未可与立；可与立，未可与权。”

9.31 “唐棣（dì）之华，偏其反而。岂不尔思？室是远而。”子曰：“未之思也，夫（fú）何远之有？”

乡党第十

10.1 孔子于乡党，恂（xún）恂如也，似不能言者。其在宗庙、朝廷，便（pián）便言，唯谨尔。朝，与下大夫言，侃侃如也；与上大夫言，訚（yín）訚如也。君在，踧（cù）踖（jí）如也，与（yù）与如也。

10.2 君召使摈（bìn），色勃如也，足躩（jué）如也。揖所与立，左右手。衣前后，襜（chān）如也。趋进，翼如也。宾退，必复命曰：“宾不顾矣。”

10.3 入公门，鞠躬如也，如不容。立不中门，行不履阈（yù）。过位，色勃如也，足躩如也，其言似不足者。摄齐（zī）升堂，鞠躬如也，屏（bǐng）气似不息者。出，降一等，逞颜色，怡怡如也。没（mò）阶，趋进，翼如也。复其位，踧踖如也。

10.4 执圭，鞠躬如也，如不胜（shēng）。上如揖，下如授。勃如战色，足蹜（sù）蹜如有循。享礼，有容色。私觌（dí），愉愉如也。

10.5 君子不以绀（gàn）緅（zōu）饰，红紫不以为亵服。当暑，袗（zhěn）絺（chī）绤（xì），必表而出之。缁（zī）衣，羔裘；素衣，麑（ní）裘；黄衣，狐裘。亵裘长，短右袂（mèi）。必有寝衣，长一身有半。狐貉之厚以居。去丧（sāng），无所不佩。非帷裳，必杀（shài）之。羔裘玄冠不以吊。吉月，必朝服而朝。

10.6 齐（zhāi），必有明衣，布。齐（zhāi）必变食，居必迁坐。

10.7 食不厌精，脍（kuài）不厌细。食饐（yì）而餲（ài），鱼馁（něi）而肉败，不食。色恶，不食。臭（xiù）恶，不食。失饪，不食。不时，不食。割不正，不食。不得其酱，不食。肉虽多，不使胜食气（xì）。唯酒无量，不及乱。沽酒市脯（fǔ），不食。不撤姜食，不多食。

10.8 祭于公，不宿肉。祭肉不出三日。出三日，不食之矣。

10.9 食不语，寝不言。

10.10 虽疏食菜羹瓜，祭，必齐（zhāi）如也。

10.11 席不正，不坐。

10.12 乡人饮酒，杖者出，斯出矣。乡人傩（nuó），朝服而立于阼（zuò）阶。

10.13 问人于他邦，再拜而送之。

10.14 康子馈药，拜而受之。曰："丘未达，不敢尝。”

10.15 厩焚，子退朝，曰：“伤人乎？”不问马。

10.16 君赐食，必正席先尝之。君赐腥，必熟而荐之。君赐生，必畜之。侍食于君，君祭，先饭。疾，君视之，东首，加朝服，拖绅。君命召，不俟驾行矣。

10.17 入太庙，每事问。

10.18 朋友死，无所归。曰：“于我殡。”朋友之馈，虽车马，非祭肉，不拜。

10.19 寝不尸，居不客。

10.20 见齐（zī）衰（cuī）者，虽狎必变。见冕者与瞽者，虽亵必以貌。凶服者式之。式负版者。有盛馔，必变色而作。迅雷风烈，必变。

10.21 升车，必正立，执绥。车中不内顾，不疾言，不亲指。

10.22 色斯举矣，翔而后集。曰：“山梁雌雉，时哉时哉！”子路共之，三嗅而作。

先进第十一

11.1 子曰：“先进于礼乐，野人也；后进于礼乐，君子也。如用之，则吾从先进。”

11.2 子曰：“从我于陈、蔡者，皆不及门也。”

11.3 德行：颜渊、闵子骞、冉伯牛、仲弓。言语：宰我、子贡。政事：冉有、季路。文学：子游、子夏。

11.4 子曰："回也，非助我者也！于吾言无所不说（yuè）。"

11.5 子曰："孝哉闵子骞！人不间（jiàn）于其父母昆弟之言。"

11.6 南容三复白圭，孔子以其兄之子妻（qì）之。

11.7 季康子问："弟子孰为好（hào）学？"孔子对曰："有颜回者好（hào）学，不幸短命死矣！今也则亡（wú）。"

11.8 颜渊死，颜路请子之车以为之椁。子曰："才不才，亦各言其子也。鲤也死，有棺而无椁。吾不徒行以为之椁。以吾从大夫之后，不可徒行也。"

11.9 颜渊死，子曰："噫！天丧（sàng）予！天丧（sàng）予！"

11.10 颜渊死，子哭之恸。从者曰："子恸矣！"曰："有恸乎！非夫（fú）人之为（wèi）恸而谁为（wèi）！"

11.11 颜渊死，门人欲厚葬之，子曰："不可。"门人厚葬之。子曰："回也视予犹父也，予不得视犹子也。非我也，夫（fú）二三子也。"

11.12 季路问事鬼神。子曰："未能事人，焉能事鬼？""敢问死？"曰："未知生，焉知死？"

11.13 闵子侍侧，訚（yín）訚如也；子路，行（hàng）行如也；冉有、子贡，侃侃如也。子乐。"若由也，不得其死然。”

11.14 鲁人为长（cháng）府。闵子骞曰：“仍旧贯，如之何？何必改作！”子曰：“夫（fú）人不言，言必有中（zhòng）。”

11.15 子曰：“由之瑟，奚为于丘之门？”门人不敬子路。子曰：“由也升堂矣，未入于室也！”

11.16 子贡问：“师与商也孰贤？”子曰：“师也过，商也不及。”曰：“然则师愈与（yú）？”子曰：“过犹不及。”

11.17 季氏富于周公，而求也为（wèi）之聚敛而附益之。子曰：“非吾徒也，小子鸣鼓而攻之可也！”

11.18 柴也愚，参（shēn）也鲁，师也辟（pì），由也喭（yàn）。

11.19 子曰：“回也其庶乎，屡空（kòng）。赐不受命而货殖焉，亿则屡中（zhòng）。”

11.20 子张问善人之道。子曰：“不践迹，亦不入于室。”

11.21 子曰：“论笃是与（yǔ）。君子者乎？色庄者乎？”

11.22 子路问：“闻斯行诸？”子曰：“有父兄在，如之何其闻斯行之？”冉有问：“闻斯行诸？”子曰：“闻斯行之！”公西华曰：“由也问‘闻斯行诸’，子曰：‘有父兄在’；求也问‘闻斯行诸’，子曰：‘闻斯行之’。赤也惑，敢问？”子曰：“求也退，故进之；由也兼人，故退之。”

11.23 子畏于匡，颜渊后。子曰：“吾以女（rǔ）为死矣！”曰：“子在，回何敢死！”

11.24 季子然问：“仲由、冉求，可谓大臣与（yú）？”子曰：“吾以子为异之问，曾（zēng）由与求之问。所谓大臣者，以道事君，不可则止。今由与求也，可谓具臣矣。”曰：“然则从之者与（yú）？”子曰：“弑父与君，亦不从也。”

11.25 子路使子羔为费（bì）宰。子曰：“贼夫（fú）人之子。”子路曰：“有民人焉，有社稷焉。何必读书，然后为学？”子曰：“是故恶（wù）夫（fú）佞者。”

11.26 子路、曾皙（xī）、冉有、公西华侍坐。子曰：“以吾一日长乎尔，毋吾以也。居则曰：‘不吾知也！’如或知尔，则何以哉？”子路率尔而对，曰：“千乘之国，摄乎大国之间，加之以师旅，因之以饥馑，由也为之，比及三年，可使有勇，且知方也。”夫子哂（shěn）之。“求，尔何如？”对曰：“方六七十，如五六十，求也为之，比及三年，可使足民。如其礼乐，以俟君子。”“赤，尔何如？”对曰：“非曰能之，愿学焉。宗庙之事，如会同，端章甫，愿为小相（xiàng）焉。”“点，尔何如？”鼓瑟希，铿尔，舍瑟而作。对曰：“异乎三子者之撰（xuǎn）。”子曰：“何伤乎？亦各言其志也。”曰：“莫（mù）春者，春服既成。冠者五六人，童子六七人，浴乎沂，风乎舞雩（yú），咏而归。”夫子喟然叹曰：“吾与（yǔ）点也！”三子者出，曾皙后。曾皙曰：“夫（fú）三子者之言何如？”子曰：“亦各言其志也已矣。”曰：“夫子何哂由也？”曰：“为国以礼，其言不让，是故哂之。”“唯求则非邦也与（yú）？”“安见方六七十如五六十而非邦也者？”“唯赤则非邦也与（yú）？”“宗庙会同，非诸侯而何？赤也为之小，孰能为之大！”

颜渊第十二

12.1 颜渊问仁。子曰：“克己复礼为仁。一日克己复礼，天下归仁焉。为仁由己，而由人乎哉？”颜渊曰：“请问其目。”子曰：“非礼勿视，非礼勿听，非礼勿言，非礼勿动。”颜渊曰：“回虽不敏，请事斯语矣！”

12.2 仲弓问仁。子曰：“出门如见大宾，使民如承大祭。己所不欲，勿施于人。在邦无怨，在家无怨。”仲弓曰：“雍虽不敏，请事斯语矣！”

12.3 司马牛问仁。子曰：“仁者其言也讱（rèn）。”曰：“其言也讱，斯谓之仁已乎？”子曰：“为之难，言之得无讱乎？”

12.4 司马牛问君子。子曰：“君子不忧不惧。”曰：

“不忧不惧，斯谓之君子已乎？”子曰：“内省（xǐng）不疚，夫（fú）何忧何惧？”

12.5 司马牛忧曰：“人皆有兄弟，我独亡（wú）。”子夏曰：“商闻之矣：死生有命，富贵在天。君子敬而无失（yì），与人恭而有礼，四海之内，皆兄弟也。君子何患乎无兄弟也？”

12.6 子张问明。子曰：“浸润之谮（zèn），肤受之诉，不行焉，可谓明也已矣。浸润之谮，肤受之诉，不行焉，可谓远（yuàn）也已矣。”

12.7 子贡问政。子曰：“足食，足兵，民信之矣。”子贡曰：“必不得已而去，于斯三者何先？”曰：“去兵。”子贡曰：“必不得已而去，于斯二者何先？”曰：“去食。自古皆有死，民无信不立。”

12.8 棘子成曰：“君子质而已矣，何以文为？”子贡曰：“惜乎！夫子之说君子也。驷不及舌。文犹质也，质犹文也。虎豹之鞟（kuò）犹犬羊之鞟。”

12.9 哀公问于有若曰：“年饥，用不足，如之何？”有若对曰：“盍彻乎？”曰：“二，吾犹不足，如之何其彻也？”对曰：“百姓足，君孰与不足？百姓不足，君孰与足？”

12.10 子张问崇德、辨惑。子曰：“主忠信，徙义，崇德也。爱之欲其生，恶（wù）之欲其死。既欲其生，又欲其死，是惑也。‘诚不以富，亦只以异。’”

12.11 齐景公问政于孔子。孔子对曰："君君，臣臣，父父，子子。"公曰："善哉！信如君不君，臣不臣，父不父，子不子，虽有粟，吾得而食诸？"

12.12 子曰："片言可以折狱者，其由也与（yú）？"子路无宿诺。

12.13 子曰："听讼，吾犹人也，必也使无讼乎！"

12.14 子张问政。子曰："居之无倦，行之以忠。"

12.15 子曰："博学于文，约之以礼，亦可以弗畔矣夫（fú）。"

12.16 子曰："君子成人之美，不成人之恶。小人反是。"

12.17 季康子问政于孔子。孔子对曰："政者，正也。子帅以正，孰敢不正？"

12.18 季康子患盗，问于孔子。孔子对曰："苟子之不欲，虽赏之不窃。"

12.19 季康子问政于孔子曰："如杀无道，以就有道，何如？"孔子对曰："子为政，焉用杀？子欲善，而民善矣。君子之德风，小人之德草，草上之风，必偃。"

12.20 子张问："士何如斯可谓之达矣？"子曰："何哉，尔所谓达者？"子张对曰："在邦必闻（wèn），在家必闻（wèn）。"子曰："是闻（wèn）也，非达也。夫（fú）达也者，质直而好义，察言而观色，虑以下人。在邦必达，在家必达。夫（fú）闻（wèn）也者，色取仁而行违，居之不疑。在邦必闻（wèn），在家必闻（wèn）。”

12.21 樊迟从游于舞雩之下。曰：“敢问崇德、修慝（tè）、辨惑。”子曰：“善哉问！先事后得，非崇德与（yú）？攻其恶，无攻人之恶，非修慝与（yú）？一朝之忿，忘其身，以及其亲，非惑与（yú）？”

12.22 樊迟问仁。子曰：“爱人。”问知（zhì）。子曰：“知人。”樊迟未达。子曰：“举直错（cù）诸枉，能使枉者直。”樊迟退，见子夏，曰：“乡（xiàng）也吾见于夫子而问知（zhì），子曰：‘举直错（cù）诸枉，能使枉者直。’何谓也？”子夏曰：“富哉言乎！舜有天下，选于众，举皋（gāo）陶（yáo），不仁者远（yuàn）矣。汤有天下，选于众，举伊尹，不仁者远（yuàn）矣。”

12.23 子贡问友。子曰：“忠告而善道（dǎo）之，不可则止，毋自辱焉。”

12.24 曾子曰：“君子以文会友，以友辅仁。”

子路第十三

13.1 子路问政。子曰：“先之劳之。”请益。曰：“无倦。”

13.2 仲弓为季氏宰，问政。子曰：“先有司，赦小过，举贤才。”曰：“焉知贤才而举之？”曰：“举尔所知。尔所不知，人其舍诸？”

13.3 子路曰：“卫君待子而为政，子将奚先？”子曰：“必也正名乎！”子路曰：“有是哉？子之迂也！奚其正？”子曰：“野哉由也！君子于其所不知，盖阙如也。名不正，则言不顺；言不顺，则事不成；事不成，则礼乐不兴；礼乐不兴，则刑罚不中（zhòng）；刑罚不中（zhòng），则民无所措手足。故君子名之必，可言也；言之必，可行也。君子于其言，无所苟而已矣。”

13.4 樊迟请学稼。子曰：“吾不如老农。”请学为圃。曰：“吾不如老圃。”樊迟出。子曰：“小人哉，樊须也！上好礼，则民莫敢不敬；上好义，则民莫敢不服；上好信，则民莫敢不用情。夫（fú）如是，则四方之民襁负其子而至矣，焉用稼？”

13.5 子曰：“诵《诗》三百，授之以政，不达；使于四方，不能专对。虽多，亦奚以为？”

13.6 子曰：“其身正，不令而行；其身不正，虽令不从。”

13.7 子曰：“鲁卫之政，兄弟也。”

13.8 子谓卫公子荆善居室。始有，曰苟合矣。少有，曰苟完矣。富有，曰苟美矣。

13.9 子适卫，冉有仆。子曰：“庶矣哉！”冉有曰：“既庶矣，又何加焉？”曰：“富之。”曰：“既富矣，又何加焉？”曰：“教之。”

13.10 子曰："苟有用我者，期（jī）月而已可也，三年有成。"

13.11 子曰："'善人为邦百年，亦可以胜残去杀矣。'诚哉是言也！"

13.12 子曰："如有王者，必世而后仁。"

13.13 子曰："苟正其身矣，于从政乎何有？不能正其身，如正人何？"

13.14 冉子退朝。子曰："何晏也？"对曰："有政。"子曰："其事也。如有政，虽不吾以，吾其与（yù）闻之。"

13.15 定公问："一言而可以兴邦，有诸？"孔子对曰："言不可以若是。其几（jī）也，人之言曰：'为君难，为臣不易。'如知为君之难也，不几乎一言而兴邦乎？"曰："一言而丧（sàng）邦，有诸？"孔子对曰："言不可以若是。其几（jī）也，人之言曰：'予无乐乎为君，唯其言而莫予违也。'如其善而莫之违也，不亦善乎？如不善而莫之违也，不几乎一言而丧（sàng）邦乎？"

13.16 叶公问政。子曰："近者说（yuè），远者来。"

13.17 子夏为莒（jǔ）父（fǔ）宰，问政。子曰："无欲速，无见（xiàn）小利。欲速则不达，见（xiàn）小利则大事不成。"

13.18 叶公语（yù）孔子曰："吾党有直躬者，其父攘羊，而子证之。"孔子曰："吾党之直者异于是，父为（wèi）子隐，子为（wèi）父隐，直在其中矣。"

13.19 樊迟问仁。子曰："居处恭，执事敬，与人忠。虽之夷狄，不可弃也。"

13.20 子贡问曰："何如斯可谓之士矣？"子曰："行己有耻，使于四方，不辱君命，可谓士矣。"曰："敢问其次？"曰："宗族称孝焉，乡党称弟（tì）焉。"曰："敢问其次？"曰："言必信，行必果。硁（kēng）硁然小人哉！抑亦可以为次矣。"曰："今之从政者何如？"子曰："噫！斗筲（shāo）之人，何足算也。"

13.21 子曰："不得中行而与（yǔ）之，必也狂狷（juàn）乎！狂者进取，狷者有所不为也。"

13.22 子曰："南人有言曰：'人而无恒，不可以作巫医。'善夫（fú）！"不恒其德，或承之羞。子曰："不占（zhān）而已矣。"

13.23 子曰："君子和而不同，小人同而不和。"

13.24 子贡问曰："乡人皆好（hào）之，何如？"子曰："未可也。""乡人皆恶（wù）之，何如？"子曰："未可也。不如乡人之善者好（hào）之，其不善者恶（wù）之。"

13.25 子曰："君子易事而难说（yuè）也。说（yuè）之不以道，不说（yuè）也；及其使人也，器之。

小人难事而易说（yuè）也。说（yuè）之虽不以道，说（yuè）也；及其使人也，求备焉。”

13.26 子曰：“君子泰而不骄，小人骄而不泰。”

13.27 子曰：“刚、毅、木、讷近仁。”

13.28 子路问曰：“何如斯可谓之士矣？”子曰：“切切偲（sī）偲，怡怡如也，可谓士矣。朋友切切偲偲，兄弟怡怡。”

13.29 子曰：“善人教民七年，亦可以即戎矣。”

13.30 子曰：“以不教民战，是谓弃之。”

宪问第十四

14.1 宪问耻。子曰：“邦有道，谷。邦无道，谷，耻也。”“克、伐、怨、欲不行焉，可以为仁矣？”子曰：“可以为难矣，仁则吾不知也。”

14.2 子曰：“士而怀居，不足以为士矣。”

14.3 子曰：“邦有道，危言危行；邦无道，危行言孙（xùn）。”

14.4 子曰：“有德者必有言，有言者不必有德。仁者必有勇，勇者不必有仁。”

14.5 南宫适（kuò）问于孔子曰：“羿（yì）善射，奡（ào）荡舟，俱不得其死然。禹、稷躬稼而有天下。”夫子不答。南宫适出，子曰：“君子哉若人！尚德哉若人！”

14.6 子曰："君子而不仁者有矣夫（fú），未有小人而仁者也！"

14.7 子曰："爱之，能勿劳乎？忠焉，能勿诲乎？"

14.8 子曰："为命，裨（pí）谌（chén）草创之，世叔讨论之，行人子羽修饰之，东里子产润色之。"

14.9 或问子产。子曰："惠人也。"问子西。曰："彼哉！彼哉！"问管仲。曰："人也。夺伯氏骈邑三百，饭疏食，没齿无怨言。"

14.10 子曰："贫而无怨难，富而无骄易。"

14.11 子曰："孟公绰为赵、魏老则优，不可以为滕、薛大夫。"

14.12 子路问成人。子曰："若臧武仲之知（zhì），公绰之不欲，卞庄子之勇，冉求之艺，文之以礼乐，亦可以为成人矣。"曰："今之成人者何必然？见利思义，见危授命，久要（yāo）不忘平生之言，亦可以为成人矣。"

14.13 子问公叔文子于公明贾（gǔ）曰："信乎夫子不言、不笑、不取乎？"公明贾对曰："以告者过也。夫子时然后言，人不厌其言；乐然后笑，人不厌其笑；义然后取，人不厌其取。"子曰："其然？岂其然乎？"

14.14 子曰："臧武仲以防求为后于鲁，虽曰不要（yāo）君，吾不信也。"

14.15 子曰："晋文公谲而不正，齐桓公正而不谲。”

14.16 子路曰：“桓公杀公子纠，召（shào）忽死之，管仲不死。”曰：“未仁乎？”子曰：“桓公九合诸侯，不以兵车，管仲之力也。如其仁！如其仁！”

14.17 子贡曰：“管仲非仁者与（yú）。桓公杀公子纠，不能死，又相（xiàng）之。”子曰：“管仲相桓公，霸诸侯，一匡天下，民到于今受其赐。微管仲，吾其被（pī）发左衽矣！岂若匹夫匹妇之为谅也，自经于沟渎而莫之知也！”

14.18 公叔文子之臣大夫僎（zhuàn），与文子同升诸公。子闻之，曰：“可以为文矣。”

14.19 子言卫灵公之无道也。康子曰：“夫（fú）如是，奚而不丧（sàng）？”孔子曰：“仲叔圉（yǔ）治宾客，祝鮀（tuó）治宗庙，王孙贾（gǔ）治军旅。夫（fú）如是，奚其丧（sàng）？”

14.20 子曰：“其言之不怍（zuò），则为之也难。”

14.21 陈成子弑简公。孔子沐浴而朝，告于哀公曰：“陈恒弑其君，请讨之。”公曰：“告夫（fú）三子。”孔子曰：“以吾从大夫之后，不敢不告也。君曰告夫（fú）三子者。”之三子告，不可。孔子曰：“以吾从大夫之后，不敢不告也。”

14.22 子路问事君。子曰：“勿欺也，而犯之。”

14.23 子曰：“君子上达，小人下达。”

14.24 子曰："古之学者为（wèi）己，今之学者为（wèi）人。"

14.25 蘧（qú）伯玉使人于孔子。孔子与之坐而问焉，曰："夫子何为？"对曰："夫子欲寡其过而未能也。"使者出。子曰："使乎！使乎！"

14.26 子曰："不在其位，不谋其政。"曾子曰："君子思不出其位。"

14.27 子曰："君子耻其言而过其行。"

14.28 子曰："君子道者三，我无能焉：仁者不忧，知（zhì）者不惑，勇者不惧。"子贡曰："夫子自道也！"

14.29 子贡方人。子曰："赐也贤乎哉？夫（fú）我则不暇！"

14.30 子曰："不患人之不己知，患其不能也。"

14.31 子曰："不逆诈，不亿不信，抑亦先觉者，是贤乎！"

14.32 微生亩谓孔子曰："丘何为是栖（xī）栖者与（yú）？无乃为佞乎？"孔子曰："非敢为佞也，疾固也。"

14.33 子曰："骥不称其力，称其德也。"

14.34 或曰："以德报怨，何如？"子曰："何以报德？以直报怨，以德报德。"

14.35 子曰："莫我知也夫（fú）！"子贡曰："何为其莫知子也？"子曰："不怨天，不尤人。下学而上达。

知我者其天乎！”

14.36 公伯寮（liáo）诉子路于季孙，子服景伯以告，曰：“夫子固有惑志。于公伯寮，吾力犹能肆诸市朝。”子曰：“道之将行也与（yú）？命也。道之将废也与（yú）？命也。公伯寮其如命何！”

14.37 子曰：“贤者辟（bì）世，其次辟（bì）地，其次辟（bì）色，其次辟（bì）言。”子曰：“作者七人矣。”

14.38 子路宿于石门。晨门曰：“奚自？”子路曰：“自孔氏。”曰：“是知其不可而为之者与（yú）？”

14.39 子击磬（qìng）于卫，有荷（hè）蒉（kuì）而过孔氏之门者，曰：“有心哉，击磬乎！”既而曰：“鄙哉，硁（kēng）硁乎！莫己知也，斯己而已矣！深则厉，浅则揭（qì）。”子曰：“果哉！末之难矣！”

14.40 子张曰：“《书》云：‘高宗谅阴，三年不言。’何谓也？”子曰：“何必高宗，古之人皆然。君薨（hōng），百官总己以听于冢宰三年。”

14.41 子曰：“上好（hào）礼，则民易使也。”

14.42 子路问君子。子曰：“修己以敬。”曰：“如斯而已乎？”曰：“修己以安人。”曰：“如斯而已乎？”曰：“修己以安百姓。修己以安百姓，尧舜其犹病诸。”

14.43 原壤夷俟。子曰：“幼而不孙（xùn）弟（tì），长而无述焉，老而不死，是为贼。”以杖叩其胫

(jìng)。

14.44 阙党童子将命。或问之曰："益者与（yú）?"子曰："吾见其居于位也，见其与先生并行也。非求益者也，欲速成者也。"

卫灵公第十五

15.1 卫灵公问陈（zhèn）于孔子。孔子对曰："俎（zǔ）豆之事，则尝闻之矣；军旅之事，未之学也。"明日遂行。

15.2 在陈绝粮，从者病，莫能兴（xīng）。子路愠见（xiàn）曰："君子亦有穷乎?"子曰："君子固穷，小人穷斯滥矣。"

15.3 子曰："赐也，女（rǔ）以予为多学而识（zhì）之者与（yú）?"对曰："然，非与（yú）?"曰："非也！予一以贯之。"

15.4 子曰："由，知德者鲜（xiǎn）矣。"

15.5 子曰："无为而治者，其舜也与（yú）? 夫（fú）何为哉？恭己正南面而已矣。"

15.6 子张问行。子曰："言忠信，行笃敬，虽蛮貊（mò）之邦，行矣；言不忠信，行不笃敬，虽州里，行乎哉？立则见其参于前也，在舆则见其倚于衡也，夫（fú）然后行。"子张书诸绅。

15.7 子曰："直哉史鱼！邦有道如矢，邦无道如矢。君子哉蘧伯玉！邦有道则仕，邦无道则可卷而怀之。”

15.8 子曰：“可与言而不与之言，失人；不可与言而与之言，失言。知（zhì）者不失人，亦不失言。”

15.9 子曰：“志士仁人，无求生以害仁，有杀身以成仁。”

15.10 子贡问为仁。子曰：“工欲善其事，必先利其器。居是邦也，事其大夫之贤者，友其士之仁者。”

15.11 颜渊问为邦。子曰：“行夏之时，乘殷之辂（lù），服周之冕。乐则《韶》《舞》。放郑声，远（yuàn）佞人。郑声淫，佞人殆。”

15.12 子曰：“人无远虑，必有近忧。”

15.13 子曰：“已矣乎！吾未见好德如好色者也！”

15.14 子曰：“臧文仲其窃位者与（yú）！知柳下惠之贤，而不与立（wèi）也。”

15.15 子曰：“躬自厚而薄责于人，则远（yuàn）怨矣！”

15.16 子曰：“不曰如之何如之何者，吾末如之何也已矣。”

15.17 子曰：“群居终日，言不及义，好行小慧，难矣哉！”

15.18 子曰：“君子义以为质，礼以行之，孙（xùn）以出之，信以成之。君子哉！”

15.19 子曰："君子病无能焉，不病人之不己知也。"

15.20 子曰："君子疾没（mò）世而名不称（chèn）焉。"

15.21 子曰："君子求诸己，小人求诸人。"

15.22 子曰："君子矜（qín）而不争，群而不党。"

15.23 子曰："君子不以言举人，不以人废言。"

15.24 子贡问曰："有一言而可以终身行之者乎？"子曰："其恕乎！己所不欲，勿施于人。"

15.25 子曰："吾之于人也，谁毁谁誉？如有所誉者，其有所试矣。斯民也，三代之所以直道而行也。"

15.26 子曰："吾犹及史之阙文也。有马者，借人乘之。今亡（wú）矣夫（fú）！"

15.27 子曰："巧言乱德，小不忍则乱大谋。"

15.28 子曰："众恶（wù）之，必察焉；众好（hào）之，必察焉。"

15.29 子曰："人能弘道，非道弘人。"

15.30 子曰："过而不改，是谓过矣。"

15.31 子曰："吾尝终日不食，终夜不寝，以思，无益，不如学也。"

15.32 子曰："君子谋道不谋食。耕也，馁（něi）在其中矣；学也，禄在其中矣。君子忧道不忧贫。"

15.33 子曰："知（zhì）及之，仁不能守之，虽得之，必失之。知（zhì）及之，仁能守之，不庄以莅之，则民不敬。知（zhì）及之，仁能守之，庄以莅之，动之不以礼，未善也。”

15.34 子曰：“君子不可小知而可大受也，小人不可大受而可小知也。”

15.35 子曰：“民之于仁也，甚于水火。水火，吾见蹈而死者矣，未见蹈仁而死者也。”

15.36 子曰：“当仁不让于师。”

15.37 子曰：“君子贞而不谅。”

15.38 子曰：“事君，敬其事而后其食。”

15.39 子曰：“有教无类。”

15.40 子曰：“道不同，不相为谋。”

15.41 子曰：“辞达而已矣。”

15.42 师冕见。及阶，子曰：“阶也。”及席，子曰：“席也。”皆坐，子告之曰：“某在斯，某在斯。”师冕出。子张问曰：“与师言之道与（yú）?”子曰：“然。固相（xiàng）师之道也。”

季氏第十六

16.1 季氏将伐颛（zhuān）臾（yú）。冉有、季路见于孔子，曰：“季氏将有事于颛臾。”孔子曰：“求，无乃尔是过与（yú）? 夫（fú）颛臾，昔者先王以为东蒙主，且在邦域之中矣，是社稷之臣也。何以伐为?”

冉有曰："夫子欲之，吾二臣者皆不欲也。"孔子曰："求，周任有言曰：'陈力就列，不能者止。'危而不持，颠而不扶，则将焉用彼相（xiàng）矣？且尔言过矣。虎兕出于柙（xiá），龟玉毁于椟中，是谁之过与（yú）？"冉有曰："今夫（fú）颛臾，固而近于费（bì）。今不取，后世必为子孙忧。"孔子曰："求，君子疾夫（fú）舍曰欲之而必为之辞。丘也闻，有国有家者，不患寡而患不均，不患贫而患不安。盖均无贫，和无寡，安无倾。夫（fú）如是，故远人不服，则修文德以来之。既来之，则安之。今由与求也，相（xiàng）夫子，远人不服而不能来也，邦分崩离析而不能守也，而谋动干戈于邦内，吾恐季孙之忧，不在颛臾，而在萧墙之内也！"

16.2 孔子曰："天下有道，则礼乐征伐自天子出；天下无道，则礼乐征伐自诸侯出。自诸侯出，盖十世希不失矣；自大夫出，五世希不失矣；陪臣执国命，三世希不失矣。天下有道，则政不在大夫。天下有道，则庶人不议。"

16.3 孔子曰："禄之去公室五世矣，政逮于大夫四世矣，故夫（fú）三桓之子孙微矣。"

16.4 孔子曰："益者三友，损者三友。友直，友谅，友多闻，益矣。友便（pián）辟（bì），友善柔，友便（pián）佞，损矣。"

16.5 孔子曰：“益者三乐（yào），损者三乐（yào）。乐（yào）节礼乐（yuè），乐（yào）道人之善，乐（yào）多贤友，益矣。乐（yào）骄乐（lè），乐（yào）佚游，乐（yào）宴乐（lè），损矣。”

16.6 孔子曰：“侍于君子有三愆（qiān）：言未及之而言谓之躁，言及之而不言谓之隐，未见颜色而言谓之瞽。”

16.7 孔子曰：“君子有三戒：少之时，血气未定，戒之在色；及其壮也，血气方刚，戒之在斗；及其老也，血气既衰，戒之在得。”

16.8 孔子曰：“君子有三畏：畏天命，畏大人，畏圣人之言。小人不知天命而不畏也，狎大人，侮圣人之言。”

16.9 孔子曰：“生而知之者，上也；学而知之者，次也；困而学之，又其次也；困而不学，民斯为下矣。”

16.10 孔子曰：“君子有九思：视思明，听思聪，色思温，貌思恭，言思忠，事思敬，疑思问，忿思难（nàn），见得思义。”

16.11 孔子曰：“见善如不及，见不善如探汤。吾见其人矣，吾闻其语矣。隐居以求其志，行义以达其道，吾闻其语矣，未见其人也。”

16.12 齐景公有马千驷，死之日，民无德而称焉。伯夷、叔齐饿于首阳之下，民到于今称之。其斯之谓与

(yú)?

16.13 陈亢（gāng）问于伯鱼曰："子亦有异闻乎？"对曰："未也。尝独立，鲤趋而过庭，曰：'学诗乎？'对曰：'未也。''不学诗，无以言。'鲤退而学诗。他日，又独立，鲤趋而过庭，曰：'学礼乎？'对曰：'未也。''不学礼，无以立。'鲤退而学礼。闻斯二者。"陈亢退而喜曰："问一得三：闻诗，闻礼，又闻君子之远（yuàn）其子也。"

16.14 邦君之妻，君称之曰夫人，夫人自称曰小童，邦人称之曰君夫人，称诸异邦曰寡小君，异邦人称之亦曰君夫人。

阳货第十七

17.1 阳货欲见孔子，孔子不见，归（kuì）孔子豚。孔子时其亡也，而往拜之。遇诸涂。谓孔子曰："来！予与尔言。"曰："怀其宝而迷其邦，可谓仁乎？"曰："不可。""好从事而亟（qì）失时，可谓知（zhì）乎？"曰："不可。""日月逝矣！岁不我与（yǔ）！"孔子曰："诺，吾将仕矣！"

17.2 子曰："性相近也，习相远也。"

17.3 子曰："唯上知（zhì）与下愚不移。"

17.4 子之武城，闻弦歌之声，夫子莞（wǎn）尔而笑，曰："割鸡焉用牛刀？"子游对曰："昔者，偃也闻诸夫子曰：‘君子学道则爱人，小人学道则易使也。’”子曰：“二三子！偃之言是也。前言戏之耳。”

17.5 公山弗扰以费（bì）畔，召，子欲往。子路不说（yuè），曰：“末之也已！何必公山氏之之也？”子曰：“夫（fú）召我者而岂徒哉？如有用我者，吾其为东周乎！”

17.6 子张问仁于孔子。孔子曰：“能行五者于天下，为仁矣。”“请问之？”曰：“恭、宽、信、敏、惠。恭则不侮，宽则得众，信则人任焉，敏则有功，惠则足以使人。”

17.7 佛（bì）肸（xī）召，子欲往。子路曰：“昔者由也闻诸夫子曰：‘亲于其身为不善者，君子不入也’。佛肸以中牟畔，子之往也如之何？”子曰：“然，有是言也。不曰坚乎，磨而不磷（lìn）；不曰白乎，涅而不缁（zī）。吾岂匏（páo）瓜也哉？焉能系而不食！”

17.8 子曰：“由也，女（rǔ）闻六言六蔽矣乎？”对曰：“未也。”“居，吾语（yù）女（rǔ）。好（hào）仁不好（hào）学，其蔽也愚；好知（zhì）不好学，其蔽也荡；好信不好学，其蔽也贼；好直不好学，其蔽也绞；好勇不好学，其蔽也乱；好刚不好学，其蔽也狂。”

17.9 子曰：“小子何莫学夫（fú）诗？诗，可以兴，可以观，可以群，可以怨。迩之事父，远之事君。多识（zhì）于鸟兽草木之名。”

17.10 子谓伯鱼曰："女（rǔ）为《周南》《召（shào）南》矣乎？人而不为《周南》《召南》，其犹正墙面而立也与（yú）！"

17.11 子曰："礼云礼云，玉帛云乎哉？乐云乐云，钟鼓云乎哉？"

17.12 子曰："色厉而内荏（rěn），譬诸小人，其犹穿窬（yú）之盗也与（yú）！"

17.13 子曰："乡原（yuàn），德之贼也。"

17.14 子曰："道听而涂说，德之弃也。"

17.15 子曰："鄙夫可与事君也与（yú）哉？其未得之也，患得之；既得之，患失之。苟患失之，无所不至矣！"

17.16 子曰："古者民有三疾，今也或是之亡（wú）也。古之狂也肆，今之狂也荡；古之矜也廉，今之矜也忿戾；古之愚也直，今之愚也诈而已矣。"

17.17 子曰："巧言令色，鲜矣仁。"

17.18 子曰："恶（wù）紫之夺朱也，恶（wù）郑声之乱雅乐也，恶（wù）利口之覆邦家者。"

17.19 子曰："予欲无言。"子贡曰："子如不言，则小子何述焉？"子曰："天何言哉？四时行焉，百物生焉，天何言哉？"

17.20 孺悲欲见孔子，孔子辞以疾，将命者出户，取瑟而歌，使之闻之。

17.21 宰我问："三年之丧（sāng），期已久矣。君子三年不为礼，礼必坏；三年不为乐（yuè），乐（yuè）必崩。旧谷既没（mò），新谷既升，钻（zuān）燧改火，期（jī）可已矣。"子曰："食夫（fú）稻，衣（yì）夫（fú）锦，于女（rǔ）安乎？"曰："安。""女（rǔ）安则为之！夫（fú）君子之居丧（sāng），食旨不甘，闻乐（yuè）不乐（lè），居处不安，故不为也。今女（rǔ）安，则为之！"宰我出。子曰："予之不仁也！子生三年，然后免于父母之怀。夫（fú）三年之丧（sāng），天下之通丧（sāng）也。予也有三年之爱于其父母乎？"

17.22 子曰："饱食终日，无所用心，难矣哉！不有博弈者乎？为之犹贤乎已。"

17.23 子路曰："君子尚勇乎？"子曰："君子义以为上。君子有勇而无义为乱，小人有勇而无义为盗。"

17.24 子贡曰："君子亦有恶（wù）乎？"子曰："有恶：恶称人之恶（è）者，恶居下流而讪（shàn）上者，恶勇而无礼者，恶果敢而窒者。"曰："赐也亦有恶乎？""恶徼（jiāo）以为知（zhì）者，恶不孙（xùn）以为勇者，恶讦（jié）以为直者。"

17.25 子曰："唯女子与小人为难养也，近之则不孙（xùn），远（yuàn）之则怨。"

17.26 子曰："年四十而见恶（wù）焉，其终也已！”

微子第十八

18.1 微子去之，箕子为之奴，比干谏而死。孔子曰：“殷有三仁焉！”

18.2 柳下惠为士师，三黜。人曰：“子未可以去乎？”曰：“直道而事人，焉往而不三黜？枉道而事人，何必去父母之邦？”

18.3 齐景公待孔子，曰：“若季氏则吾不能，以季、孟之间待之。”曰：“吾老矣，不能用也。”孔子行。

18.4 齐人归（kuì）女乐（yuè），季桓子受之，三日不朝，孔子行。

18.5 楚狂接舆，歌而过孔子，曰：“凤兮！凤兮！何德之衰！往者不可谏，来者犹可追。已而！已而！今之从政者殆而！”孔子下，欲与之言。趋而辟（bì）之，不得与之言。

18.6 长沮、桀溺耦（ǒu）而耕。孔子过之，使子路问津焉。长沮曰：“夫（fú）执舆者为谁？”子路曰：“为孔丘。”曰：“是鲁孔丘与（yú）？”曰：“是也。”曰：“是知津矣！”问于桀溺。桀溺曰：“子为谁？”曰：“为仲由。”曰：“是鲁孔丘之徒与（yú）？”对曰：“然。”曰：“滔滔者天下皆是也，而谁以易之？且而与其从辟（bì）人之士也，岂若从辟（bì）世之士哉？”耰（yōu）

而不辍。子路行以告，夫子怃（wǔ）然曰：“鸟兽不可与同群！吾非斯人之徒与，而谁与？天下有道，丘不与（yù）易也。”

18.7 子路从而后。遇丈人，以杖荷（hè）蓧（diào）。子路问曰：“子见夫子乎？”丈人曰：“四体不勤，五谷不分，孰为夫子？”植其杖而芸。子路拱而立。止子路宿，杀鸡为黍而食（sì）之，见（xiàn）其二子焉。明日，子路行以告。子曰：“隐者也。”使子路反见之。至，则行矣。子路曰：“不仕无义。长幼之节，不可废也；君臣之义，如之何其废之？欲洁其身，而乱大伦？君子之仕也，行其义也。道之不行，已知之矣。”

18.8 逸民：伯夷、叔齐、虞仲、夷逸、朱张、柳下惠、少连。子曰：“不降其志，不辱其身，伯夷、叔齐与（yú）？”谓“柳下惠、少连，降志辱身矣。言中（zhòng）伦，行中（zhòng）虑，其斯而已矣”。谓“虞仲、夷逸，隐居放言，身中（zhòng）清，废中（zhòng）权”。“我则异于是，无可无不可。”

18.9 大（tài）师挚适齐，亚饭干适楚，三饭缭适蔡，四饭缺适秦，鼓方叔入于河，播（bǒ）鼗（táo）武入于汉，少师阳、击磬襄入于海。

18.10 周公谓鲁公曰：“君子不施（shǐ）其亲；不使大臣怨乎不以；故旧无大故，则不弃也；无求备于一人。”

18.11 周有八士：伯达、伯适（kuò）、仲突、仲忽、叔夜、叔夏、季随、季䯄（guā）。

子张第十九

19.1 子张曰："士见危致命，见得思义，祭思敬，丧（sāng）思哀，其可已矣。"

19.2 子张曰："执德不弘，信道不笃，焉能为有？焉能为亡（wú）？"

19.3 子夏之门人问交于子张。子张曰："子夏云何？"对曰："子夏曰：'可者与之，其不可者拒之。'"子张曰："异乎吾所闻：君子尊贤而容众，嘉善而矜不能。我之大贤与（yú），于人何所不容？我之不贤与（yú），人将拒我，如之何其拒人也？"

19.4 子夏曰："虽小道，必有可观者焉。致远恐泥（nì），是以君子不为也。"

19.5 子夏曰："日知其所亡（wú），月无忘其所能，可谓好学也已矣！"

19.6 子夏曰："博学而笃志，切问而近思，仁在其中矣。"

19.7 子夏曰："百工居肆以成其事，君子学以致其道。"

19.8 子夏曰："小人之过也，必文。"

19.9 子夏曰："君子有三变：望之俨然，即之也温，听其言也厉。”

19.10 子夏曰：“君子信而后劳其民，未信则以为厉己也；信而后谏，未信则以为谤己也。”

19.11 子夏曰：“大德不逾闲，小德出入可也。”

19.12 子游曰：“子夏之门人小子，当洒扫应对进退则可矣，抑末也。本之则无，如之何？”子夏闻之，曰：“噫！言游过矣！君子之道，孰先传焉？孰后倦焉？譬诸草木，区以别矣。君子之道，焉可诬也？有始有卒者，其惟圣人乎！”

19.13 子夏曰：“仕而优则学，学而优则仕。”

19.14 子游曰：“丧（sāng）致乎哀而止。”

19.15 子游曰：“吾友张也，为难能也。然而未仁。”

19.16 曾子曰：“堂堂乎张也，难与并为仁矣。”

19.17 曾子曰：“吾闻诸夫子：人未有自致者也，必也亲丧（sàng）乎！”

19.18 曾子曰：“吾闻诸夫子：孟庄子之孝也，其他可能也，其不改父之臣与父之政，是难能也。”

19.19 孟氏使阳肤为士师，问于曾子。曾子曰：“上失其道，民散（sǎn）久矣。如得其情，则哀矜而勿喜。”

19.20 子贡曰：“纣之不善，不如是之甚也。是以君子恶（wù）居下流，天下之恶（è）皆归焉。”

19.21 子贡曰："君子之过也，如日月之食焉：过也人皆见之，更也人皆仰之。"

19.22 卫公孙朝问于子贡曰："仲尼焉学？"子贡曰："文武之道，未坠于地，在人。贤者识其大者，不贤者识其小者，莫不有文武之道焉。夫子焉不学？而亦何常师之有？"

19.23 叔孙武叔语（yù）大夫于朝曰："子贡贤于仲尼。"子服景伯以告子贡。子贡曰："譬之宫墙，赐之墙也及肩，窥见屋家之好。夫子之墙数仞，不得其门而入，不见宗庙之美，百官之富。得其门者或寡矣。夫子之云，不亦宜乎！"

19.24 叔孙武叔毁仲尼。子贡曰："无以为也！仲尼不可毁也。他人之贤者，丘陵也，犹可逾也；仲尼，日月也，无得而逾焉。人虽欲自绝，其何伤于日月乎？多见其不知量也！"

19.25 陈子禽谓子贡曰："子为恭也，仲尼岂贤于子乎？"子贡曰："君子一言以为知，一言以为不知，言不可不慎也。夫子之不可及也，犹天之不可阶而升也。夫子之得邦家者，所谓立之斯立，道（dǎo）之斯行，绥之斯来，动之斯和（hè）。其生也荣，其死也哀。如之何其可及也？"

尧曰第二十

20.1 尧曰："咨！尔舜！天之历数在尔躬。允执其中。四海困穷，天禄永终。”舜亦以命禹。曰：“予小子履，敢用玄牡，敢昭告于皇皇后帝：有罪不敢赦，帝臣不蔽，简在帝心。朕躬有罪，无以万方；万方有罪，罪在朕躬。”“周有大赉（lài），善人是富。虽有周亲，不如仁人。百姓有过，在予一人。”谨权量，审法度，修废官，四方之政行焉。兴灭国，继绝世，举逸民，天下之民归心焉。所重民食、丧（sāng）、祭。宽则得众，信则民任焉，敏则有功，公则说（yuè）。

20.2 子张问于孔子曰：“何如，斯可以从政矣？”子曰：“尊五美，屏（bǐng）四恶，斯可以从政矣。”子张曰：“何谓五美？”子曰：“君子惠而不费，劳而不怨，欲而不贪，泰而不骄，威而不猛。”子张曰：“何谓惠而不费？”子曰：“因民之所利而利之，斯不亦惠而不费乎？择可劳而劳之，又谁怨？欲仁而得仁，又焉贪？君子无众寡，无小大，无敢慢，斯不亦泰而不骄乎？君子正其衣冠，尊其瞻视，俨然人望而畏之，斯不亦威而不猛乎？”子张曰：“何谓四恶？”子曰：“不教而杀谓之虐；不戒视成谓之暴；慢令致期谓之贼；犹之与人也，出纳之吝，谓之有司。”

20.3 孔子曰：“不知命，无以为君子也。不知礼，无以立也。不知言，无以知人也。”

附录二　《论语》引文索引

图书在版编目（CIP）数据

论语衍说 / 兰喜并著 . — 太原：三晋出版社，
2023.1
（三经衍说）
ISBN 978-7-5457-2652-7

Ⅰ . ①论… Ⅱ . ①兰… Ⅲ . ①《论语》— 研究
Ⅳ . ① B222.25

中国版本图书馆 CIP 数据核字（2022）第 249726 号

论语衍说

著　　者：兰喜并
责任编辑：阎卫斌
责任印制：李佳音
装帧设计：睿设计

出 版 者：山西出版传媒集团・三晋出版社
地　　址：太原市建设南路 21 号
电　　话：0351-4956036（总编室）
　　　　　0351-4922203（印制部）
网　　址：http://www.sjcbs.cn

经 销 者：新华书店
承 印 者：山西万佳印业有限公司

开　　本：880mm × 1230mm　1/32
印　　张：8
字　　数：150 千字
版　　次：2023 年 2 月　第 1 版
印　　次：2023 年 2 月　第 1 次印刷
书　　号：ISBN 978-7-5457-2652-7
定　　价：44.00 元